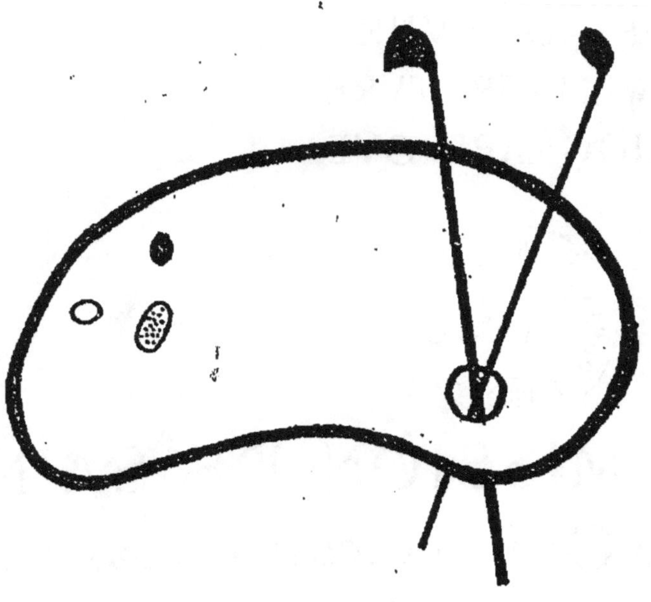

ORIGINAL EN COULEUR
NF Z 83-120-8

LA VIE DES SAINTS

CHEFS-D'ŒVVRE DE LA LITTÉRATVRE HAGIOGRAPHIQVE

LA MISSION DE SAINT BENOIT ♣ CCCCLXXX ♣ DXXXXIII ♣

♣ ♣ ♣ ♣ PAR LE CARDINAL NEWMAN

SCIENCE ET RELIGION
♣ ETUDES POUR LE
TEMPS PRÉSENT ♣ 534
♣ ♣ BLOVD & Cie A.
PARIS ♣ ♣ ♣ ♣ ♣ ♣

LA MISSION

DE SAINT BENOIT

PAR LE CARDINAL NEWMAN

CCCCLXXX

DXXXXIII

LIBRAIRIE BLOUD & Cⁱᵉ
7, PLACE St-SULPICE, PARIS.
REPRODUCTION ET TRA-
DUCTION INTERDITES

MÊME SÉRIE

LES GRANDS PAPES

LA VIE DES SAINTS

Chefs-d'œuvre de la littérature hagiographique.

S'IL est *vrai que le vivace témoignage des saints reste, aujourd'hui plus que jamais, la plus pénétrante et la plus efficace des apologétiques, on ne s'étonnera pas de voir les éditeurs de* Science et Religion *consacrer une nouvelle série de leur collection à l'histoire intime de la sainteté. Ils n'ont garde d'oublier que la vie des saints, comme toutes les autres études historiques, est aujourd'hui soumise à des méthodes sévères, et ils ne se flattent pas de rivaliser avec les bons travailleurs qui, à cette heure même, renouvellent et enrichissent la littérature hagiographique. Obligés à la modestie par l'exiguïté même de leurs brochures, on ne les rencontrera pas sur les brisées des savants. Non, mais à l'ombre et sous le couvert de la science d'autrui, ils croient deviner un joli ruban de route où de pieuses moissons les attendent. Ils voudraient retrouver dans les chroniques des contemporains le premier écho du témoignage des saints ; ils voudraient suivre ce même témoignage tel qu'il se transfigure, avec le temps, dans l'âme des foules et dans l'imagination des panégyristes ; ils voudraient encore, à côté des grands thaumaturges et des saints canonisés, exhumer le souvenir frêle et charmant, des vertus qu'a négligées la grande histoire. Traduire et annoter les vieilles chroniques et les textes hagiographiques de premier ordre, rééditer, dans leur français naïf ou grandiloquent, ces anciennes* Vies *que les bibliophiles se disputent, raconter d'humbles existences qui n'ont pas encore trouvé de biographes, grouper autour d'un même saint populaire quelques discours ou quelques poèmes de choix, ils n'auront pas plus hautes prétentions. Mais à cette humble tâche ils se promettent de travailler avec amour. Ils rêvent de ciseler leurs minces brochures comme autant de reliquaires. S'il plaît à Dieu, cette nouvelle série de* Science et Religion, *en même temps qu'elle intéressera les âmes pieuses, offrira une collection de précieux documents aux curieux de psychologie religieuse. Sans mettre aucunement en question les droits de l'histoire, nos collaborateurs n'entendent pas faire à proprement parler œuvre critique. Leur but est d'étudier, à travers les siècles, le rayonnement de la vie des saints.*

A ce point de vue, la légende est encore de l'histoire. Les sentiments des premiers biographes ou panégyristes, les œuvres d'art que la Vie des Saints *a inspirées, les obscures vertus qui se sont allumées à cette flamme, aucune de ces manifestations de vie chrétienne n'est négligeable, et volontiers nous faisons nôtres les belles paroles que Montalembert gravait au seuil de* Sainte Elisabeth : *« La seule pensée de les omettre (les légendes) ou même de les pallier, de les interpréter avec une adroite modération, m'eût révolté... c'eût été une inexactitude coupable... c'eût été aussi une hypocrisie, car nous avouons sans détour que nous croyons de la meilleure foi du monde à tout ce qui a été jamais raconté de plus miraculeux sur les saints de Dieu en général et sur sainte Elisabeth en particulier... Même si nous n'avions pas le bonheur de croire avec une entière simplicité aux merveilles de la puissance divine qu'elles racontent, jamais nous ne nous sentirions le courage de mépriser les innocentes croyances qui ont ému et charmé des milliers de nos frères pendant tant de siècles : tout ce qu'elles peuvent renfermer même de puéril, s'exalte et se sanctifie à nos yeux pour avoir été l'objet de la foi de nos pères, de ceux qui étaient plus près du Christ que nous ; et nous n'avons pas le cœur de dédaigner ce qu'ils ont cru avec tant de ferveur, aimé avec tant de constance. »*

AVERTISSEMENT

Nul ne s'étonnera, assurément, de voir figurer le présent opuscule parmi les *Chefs-d'œuvre de la littérature hagiographique.* « Bien mieux que dans ses œuvres plus retentissantes, a écrit M. Henri Brémond, nous trouvons là le véritable Newman, dans la joie d'un travail qu'il aime, dans l'épanouissement de ses dons. » « On ne comprendrait pas, on ne goûterait pas pleinement ces belles pages, dit encore le même critique, si on ne prenait garde qu'aux yeux de Newman, la Vie des Saints est *une véritable apologétique.* » Tant par la place qu'elle occupe dans l'œuvre du maître d'Oxford que par son caractère apologétique, cette dissertation sur la *Mission de Saint Benoît* nous a semblé avoir sa place marquée dans notre collection. Elle ne constitue pas à proprement parler, une vie de Saint, mais sur le rôle des Moines au Moyen âge, sa grandeur, son utilité, on n'a sans doute rien écrit de plus profond et en même temps de plus parfait, au point de vue littéraire. Ce magnifique éloge de la Sainteté préparera le lecteur à mieux goûter les textes de littérature hagiographique que nous nous proposons de donner dans cette série. On reconnaîtra que nous eussions difficilement trouvé pour cette nouvelle collection un plus éminent Préfacier.

NOTE. — *La Mission de Saint Benoît* a été publiée par Newman en janvier 1858 dans la revue l'*Atlantis.* Les divers essais hagiographiques du célèbre cardinal ont été réunis dans le deuxième volume des *Historical Sketches.* Un choix de ces essais a été publié en langue française, avec une introduction de M. Henri Brémond, sous le titre *Saints d'autrefois.*

Paris, 1909.

LA MISSION DE SAINT BENOIT

I

DE même que le monde physique dépend, dans son équilibre et ses mouvements, de certains centres de force et de certaines lois d'action, ainsi le monde social, politique, et ce grand organisme religieux qu'est l'Eglise catholique, ont les leurs ; ainsi leur cours dépend, en majeure partie, de la présence et de l'action de personnes, d'institutions, de lieux et d'événements déterminés, cause visible de l'ensemble.

Il n'y a jamais eu qu'une Judée, qu'une Grèce, qu'une Rome ; qu'un Homère et qu'un Cicéron ; qu'un César, qu'un Constantin et qu'un Charlemagne.

De même, en ce qui concerne la Révélation, il n'y a jamais eu qu'un saint Jean le Théologien, qu'un Docteur des nations. Le dogme suit la voie tracée par Athanase, Augustin, Thomas d'Aquin.

Après les Apôtres, la mission de convertir les païens est attribuée à un si petit nombre de champions de la foi, que l'on pourrait presque les compter : Martin, Patrick, Augustin, Boniface. Puis viennent saint Antoine, le père du monachisme ; saint Jérôme, l'interprète de l'Ecriture ; saint Jean Chrysostome, le grand orateur.

L'enseignement chrétien suit la loi ; il a son histoire dans celle de l'Eglise, ses docteurs et ses maîtres dans cette histoire.

Il a passé par trois périodes : l'antiquité, le moyen âge et les temps modernes. Trois Ordres religieux se sont succédé sur la scène du monde, pour représenter l'enseignement de l'Eglise catholique durant chacune de ces périodes. La première est cette longue suite de siècles qui vit la société s'effondrer, disparaître, puis

essayer lentement de se reconstituer ; la seconde peut
être appelée la période de reconstitution ; la troisième
de la Réforme, lorsque commença ce mouvement
d'esprit particulier dont l'issue est encore à venir.

Saint Benoît a formé l'esprit ancien, saint Dominique
celui du moyen âge, et saint Ignace l'esprit moderne.
Et ce disant, je suis loin de mépriser les Augustins, les
Carmes, les Franciscains, et les autres grandes familles
religieuses que l'on pourrait citer, pas plus que les
saints Patriarches, leurs fondateurs ; je ne repasse pas
toute l'histoire du christianisme, j'en choisis seulement
un aspect particulier.

Jusqu'ici, on ne me cherchera pas trop querelle, je
l'espère. Je voudrais maintenant comparer entre eux
ces trois grands maîtres de l'enseignement chrétien.
A saint Benoît, donc, que l'on peut considérer comme
représentant les différentes familles monastiques qui
l'ont précédé, ou qui sont nées de lui (car elles sont
toutes plus ou moins de la même école), à ce grand
Saint j'assigne comme marque distinctive le caractère
poétique ; à saint Dominique, le caractère scientifique,
et à saint Ignace, le caractère pratique.

Ces différentes caractéristiques, qui distinguent également les écoles de ces trois grands maîtres, sont nées
des circonstances au milieu desquelles chacun d'eux
s'est mis à l'œuvre. Benoît, encore enfant lorsqu'il reçut
sa mission, y porta la poésie et la simplicité de l'enfance. Dominique, homme de quarante-cinq ans, gra-
dué en théologie, prêtre et chanoine, apporta en religion cette science solide et achevée qu'il avait acquise
dans les écoles. Ignace, homme du monde avant sa
conversion, laissa à ses disciples cette connaissance
des hommes que le cloître ne peut donner. Les trois
grands Ordres furent donc, pour ainsi dire, les produits
de la poésie, de la science et du sens pratique.

Mais ici se présente une autre coïncidence. Certes,
c'est sans aucune idée philosophique préconçue, en me
plaçant, simplement, *bona fide*, en face de leur histoire,
que j'ai qualifié par ces attributs chacun des trois
Patriarches. Mais, après les avoir dépeints sous ces
traits, je ne puis m'empêcher d'être frappé d'une chose.

N'aurais-je pas, sans le vouloir, apporté un exemple
à l'appui d'une idée assez répandue aujourd'hui, dans
le genre de celle qu'on prête à des auteurs qui me dé-
plaisent souverainement ? Cette idée, la voici.

Suivant ces théoriciens, la vie de l'espèce ou de l'individu se divise en trois périodes, dont chacune a son
principe dominant et son caractère. Le jeune homme
débute dans la vie avec « l'*espérance* en proue et
l'*imagination* au gouvernail » ; il n'a rien d'autre pour
le pousser ou le conduire ; il n'a pas vécu assez longtemps pour exercer sa raison, ou pour amasser une
réserve de faits ; et, parce qu'il ne peut faire autrement,
il habite un monde qu'il a créé. Il commence avec des
illusions. Plus tard, quand il finit par chercher un terrain plus solide que celui de l'imagination, il peut avoir
recours soit à la raison, soit aux faits. Mais les faits
sont en dehors de lui, tandis que la raison est à lui : il
lui est donc plus facile d'exercer sa raison, que de véri-
fier des faits. Aussi, lorsqu'il rejette la vie d'aspiration
et de sentiment qui l'a déçu, quand il chasse les rêves
dont il a été le jouet et la victime, sa première révolu-
tion mentale le conduit à embrasser une vie de logique :
c'est la seconde phase, — la phase métaphysique. Il a
maintenant un plan d'action, un système de pensée,
il se montre circonspect dans le choix de ses moyens
termes, et ne se fie qu'à ce qui revêt une forme scientifique.

Il entre dans la troisième phase lorsqu'il a tout épuisé
de la vie ; lorsqu'il a vu ses théories s'écrouler sous le
poids des faits, et l'expérience tromper ses plus sûrs
calculs.

Alors le vieillard finit par reconnaître qu'il n'y a de
sûr que ce qu'on peut goûter, toucher, manier, et rien
d'autre. C'est ainsi que l'homme parcourt les trois
phases de l'imagination, de la raison et de l'expérience ; puis il arrive au terme, et disparaît : conclu-
sion pleine d'impuissance et de mélancolie.

Sans doute, le catholique n'admet pas une conception aussi désenchantée de la vie. Et cependant, elle
semble cadrer avec ce que j'ai dit des trois grands
Patriarches de l'enseignement chrétien. Elle contient

assurément une part de vérité qui la rend plausible. Mais ici, je ne me préoccupe que d'une chose : montrer le point précis où je m'écarte de cette théorie, tant en ce que j'ai déjà dit de ces saints qu'en ce qu'il me reste à y ajouter. Il est parfaitement vrai, donc, que l'histoire, envisagée dans leur œuvre, vérifie jusqu'à un certain point la théorie dont je parle : c'est une marche progressive de la poésie à la science, et de celle-ci au sens pratique, ou prudence. Mais n'oublions pas ce principe d'une importance capitale : jamais l'Eglise catholique ne perd ce qu'elle a une fois possédé. Jamais elle n'a donné de larmes ou de regrets irrités au temps passé et disparu. Au lieu de passer d'une phase de la vie à l'autre, elle porte avec elle sa jeunesse et sa maturité jusqu'en sa vieillesse. Elle n'a pas changé ses possessions, mais les a accumulées, et, suivant l'occasion, elle tire de son trésor du neuf ou du vieux.

Dominique ne lui a pas fait perdre Benoît, et elle les possède encore tous les deux, tout en devenant la mère d'Ignace. Imagination, science, prudence : toutes choses bonnes, et elle les possède toutes. Des choses incompatibles par nature coexistent en elle ; sa prose est poétique par un côté, philosophique par l'autre.

Pour en venir maintenant à la preuve historique de la comparaison que j'instituais tout à l'heure, rappelons ce point que personne ne conteste.

Du consentement général, la palme de la prudence religieuse, au sens aristotélicien de ce terme à la compréhension si large, appartient à l'école de religion fondée par saint Ignace. Cette grande société (pour ce qui est de la pensée religieuse et de la conduite de la vie, je ne parle pas de la politique ecclésiastique), est la source classique, l'école et le modèle de la discrétion, du sens pratique et du sage gouvernement. On a pu rencontrer ailleurs des conceptions plus sublimes ou des spéculations plus profondes ; mais, que nous considérions ce corps illustre dans sa constitution ou dans ses principes d'instruction et de direction, nous voyons que son génie même est de préférer cette excellente prudence à tout autre don, et de faire peu de cas de la poésie et de la science, à moins que, d'aventure elles ne puissent lui servir. Il est vrai que, dans la longue liste de ses membres, on trouve les noms des théologiens les plus consommés, des érudits les plus distingués et les plus accomplis ; mais nous parlons ici du corps lui-même, non des individus. Il est clair que ce corps ne se montre pas jaloux à l'excès sur ses traditions théologiques : autrement, il ne laisserait certainement pas Suarez aux prises avec Molina, Viva avec Vasquez, Passaglia avec Petau, et Faure avec Suarez, de Lugo et Valentia.

C'est de cette largeur d'esprit que ses membres se glorifient à juste titre ; d'autant que leur ambition n'est pas de défendre un système, mais de gagner les âmes. Et c'est le même motif de charité qui les fait renoncer à la poésie de la vie, à la poésie des cérémonies, — de la coule, du chœur et du cloître des moines, — se contenter de l'architecture la plus prosaïque, pourvu qu'elle soit commode, et du voisinage le plus vulgaire, pourvu qu'il soit populeux.

Je n'ai pas besoin d'insister davantage sur cet Ordre admirable : les considérations qui vont suivre n'ont pour objet que l'ordre des Bénédictins et celui des Dominicains (1).

Une remarque encore, suggérée par une analogie toute de fantaisie : — De même qu'il y a trois grands Patriarches sur les grandes voies de l'éducation chrétienne, il y eut aussi trois principaux Patriarches au berceau du peuple choisi. Mettant de côté Noé et Melchisédech, Joseph et ses frères, nous reconnaissons trois personnages vénérables, — Abraham, Isaac et Jacob. Abraham est le père d'une multitude de nations ; Isaac, l'intellectuel, vit dans la simplicité solitaire, dans une pieuse contemplation ; Jacob est persécuté, abandonné, objet de grâces merveilleuses, chassé de place en place, laissé et repris, maltraité par ses débiteurs, suspecté à cause de sa sagesse, trahi par sa foi ardente, et cependant il traverse victorieusement toutes les

____

(1) En raison de l'interruption temporaire de l'*Atlantis,* l'article sur l'Ordre Dominicain ne fut pas écrit.

épreuves avec l'aide du très fidèle et très puissant archange qui le garde.

II

Saint Benoît fut donc, comme le grand Patriarche hébreu, le « Père de nombreuses nations ».

On l'a appelé avec beaucoup de raison « le Patriarche de l'Occident ». Non seulement il fut le premier à établir dans l'Occident chrétien un Ordre perpétuel de Réguliers ; non seulement, venus les premiers, ses enfants eurent pour se multiplier une plus longue suite de siècles ; mais sa règle, comme celle de saint Basile en Orient, est la règle normale des premiers âges de l'Eglise, et, en son temps, elle fut généralement reçue par des communautés d'origine très diverse. De plus, son Ordre a donné naissance, dans le cours des temps, à différentes nouvelles familles monastiques, qui se posèrent en institutions indépendantes, et peuvent à leur tour se glorifier du nombre, de leurs maisons, de la sainteté et de la célébrité de leurs membres. Il représente le monachisme latin pendant le long espace de six siècles, où le monachisme fut un. Et alors même qu'il se produisit à la fin des variétés auxquelles on donna des noms différents, c'est de lui que vint le changement ; ce ne fut pas le fait d'étrangers qui auraient été ses rivaux, mais de ses propres enfants, qui ne firent que recommencer à nouveau son œuvre, en toute dévotion et loyauté envers lui.

Il mourut dans la première moitié du VIe siècle. Au commencement du Xe, ses monastères français donnèrent naissance à la fameuse congrégation de Cluny, illustrée par saint Maïeul, saint Odilon, Pierre le Vénérable, et d'autres personnages considérables, parmi lesquels est Hildebrand, le futur Pape Grégoire VII.

Puis vint un long défilé d'Ordres ou Congrégations de Camaldules sous saint Romuald, de Vallombreuse, de Cîteaux auxquels saint Bernard a donné son nom, de Monte Vergine, de Fontevrault ; ceux d'Angleterre, d'Espagne et des Flandres ; les Silvestrins, les Célestins, les Olivétains, les *Humiliati*, sans compter une quantité de maisons pour les femmes, comme les Gilbertines et les Oblates de saint François ; et enfin, pour ne citer que celle-là dans les temps modernes, la Congrégation de Saint-Maur, si célèbre par ses travaux scripturaires, patristiques et historiques, par ses érudits Montfaucon, Mabillon et tant d'autres. Les admirateurs de cet Ordre illustre lui attribuent, dans toutes ses branches, 37.000 maisons, et, en outre, 30 papes, 200 cardinaux, 4 empereurs, 46 rois, 51 reines, 1.406 princes, 1.600 archevêques, 600 évêques, 2.400 nobles et 15.000 abbés ou savants (1).

Mais, je l'ai déjà fait remarquer, les ordres religieux engendrés par saint Benoît ne donnent pas la mesure complète de son œuvre. Sa règle pénétra peu à peu dans les différents monastères de fondation antérieure ou indépendante. Avant de les remplacer elle commença par se fondre avec la règle irlandaise de saint Columban en France, et les règles plus anciennes encore apportées d'Orient par saint Athanase, saint Eusèbe et saint Martin. Au commencement du IXe siècle, elle était formellement adoptée dans tout l'empire de Charlemagne. Saint Augustin l'apporta en Angleterre intégralement ou avec peu de mélange ; saint Wilfrid, saint Dunstan et Lanfranc éliminèrent peu à peu ce mélange, s'il existait, et la règle fut reçue à la fin avec le nom et l'obédience de saint Benoît dans tous les monastères majeurs (2) (pour ne parler que de ceux-là), excepté Carlisle.

La transformation ne coûta pas grand effort à ces corps réguliers, alors même qu'ils n'avaient avec saint Benoît aucun lien historique ; car le saint avait en grande partie recueilli ce qu'il avait trouvé, sa règle n'était que l'expression du génie monastique dans les premiers temps de l'Eglise, et, seule, elle répondait exactement à leurs besoins.

A vrai dire, l'idée monastique était déjà si uniforme

<hr>

(1) Hélyot, *Hist. Mon.* — Ziegelbauer, *Litt. Hist.* — Mosheim, *Inst. eccles. hist.*, vol. II, p. 26. — Brockie, *Præf. ad. Reg.* — Buckingham, *Bible in the Middle Ages*, p. 81, etc., etc.

(2) Batler, 22 juin.

avant son temps, les communautés attachaient si peu d'importance à leurs particularités respectives, que les religieux passaient à leur gré d'un corps à l'autre (1).

Dans sa règle, saint Benoît prévoit le cas où des étrangers venus dans une de ses maisons désireraient y rester.

Si un religieux arrive d'un monastère avec lequel les moines entretiennent des relations, il lui faut, pour être reçu, des lettres de son Abbé. Mais s'il s'agit d' « un moine étranger venant de pays lointain », qui désire se faire leur hôte, qui s'accommode de leur genre de vie, s'y conforme et n'apporte aucun trouble, « qu'on ne le refuse pas s'il désire rester pour de bon », dit saint Benoît ; « car on a eu le temps de l'éprouver pendant qu'on exerçait l'hospitalité envers lui : qu'on l'invite même à rester, afin que son exemple profite à d'autres ; car en tous lieux nous sommes les serviteurs du même Maître et les soldats du même Roi (2). »

III

Cette unité de conception, qui doit se retrouver chez tous les moines de la chrétienté, porte à la fois sur l'objet, l'état et les occupations de la vie monastique. Le monachisme fut partout le même, parce qu'il était une réaction contre cette vie du siècle, qui présente partout les mêmes éléments et les mêmes caractères. Et comme cette vie est fort dispersée, il fallait de toute nécessité que la réaction apparût toujours marquée du sceau de l'unité. De plus, le monachisme naquit dans un monde étrangement troublé, ce qui semble justifier la révolte contre le siècle, le retour à un état tout contraire, c'est-à-dire fixe et immuable.

A vrai dire, le monde dans lequel le christianisme avait été jeté, était un monde vieilli, usé, un monde qui se mourait de décrépitude. Une corruption dix fois séculaire avait envahi l'édifice social : s'il se maintenait

(1) THOMASSIN, *Disc. Eccl.*, t. I, p. 705. — CALMET, *Reg. Ben.*, t. II, p. 25. — MABILLON, *Acta sæc.*, IV, p. 1, *præf.*, p. 30, *Annal.*, t. II, *præf.*, § 19.

(2) *Reg.*, c. 61.

encore, c'était plutôt par la force de l'habitude qu'en vertu d'un principe unanimement reconnu. Il était trop vaste pour comporter l'existence d'un esprit public, trop artificiel pour admettre l'idée de patrie, et, de ses multiples religions, l'âme populaire ne retirait que scepticisme et anarchie. Le manque de foi engendrait le découragement, l'inaction et l'égoïsme.

La société était minée lentement par une fièvre de consomption, et son agitation augmentait avec sa faiblesse. Elle était encore puissante, cependant, mais pour séduire et pour corrompre, et l'on ne savait où prendre un point d'appui pour combattre ses vices. Le seul moyen de vivre en un temps pareil, c'était d'abandonner principe et devoir, de prendre les choses comme elles venaient et de faire comme tout le monde. Enfin, cet état de choses tyrannique et confus était, en attendant les hérésies, au service d'un paganisme furieusement hostile à l'idée chrétienne. Non seulement les gens sérieux se sentaient appelés à fuir sa présence et son empire, mais ils avaient pour le faire toutes les raisons que peut fournir l'amour de la vie et de la liberté.

Leur seule idée, leur seul but, était donc de s'en délivrer : ils avaient été trop longtemps ses esclaves. Il ne s'agissait pas de telle ou telle vocation, d'une action meilleure, d'un état plus parfait : c'était une question de vie ou de mort. Plus tard, leur dévouement n'aura que l'embarras du choix entre une foule d'œuvres, nobles et saintes : le soin des pauvres, des malades, l'éducation des enfants, le rachat des captifs, la conversion des barbares. Mais le monachisme primitif fut la fuite du monde, et pas autre chose. Les cœurs troublés, fatigués, abattus, les âmes affligées, écrasées sous le fardeau, cherchèrent une vie à l'abri de toute corruption dans l'accomplissement de la tâche quotidienne, une vie libre de se consacrer chaque jour, sans distraction, au culte divin et à la prière. Ces âmes cherchèrent des occupations aussi opposées que possible à celles du monde, — des occupations qui eussent leur fin en elles-mêmes, absorbant un à un les jours et les instants ; — pas d'entreprises ni de desseins difficiles, pas de tentatives hasardeuses ni d'incertitudes pour faire battre le cœur et enfiévrer l'esprit ; pas d'efforts compliqués et pénibles, ni de vastes plans d'opération ; pas de détails multiples, ni de calculs profonds ; pas d'attente, de vicissitudes, de moments de crise ou de catastrophe ; — pas de recherches subtiles, non plus, pas de preuves embrouillées, de rivalités d'intelligence pour agiter et fatiguer l'âme, l'exciter, l'abattre ou l'enivrer.

Jusqu'ici je me suis servi de termes négatifs pour décrire ce que cherchaient les premiers moines. Par le fait, en ce qui concerne la vie du siècle, et tout ce qu'elle implique, le monachisme était une vigoureuse négation, ou, pour employer un autre mot, une *mortification* : mortification des sens, mortification de la raison.

Ici, une courte explication s'impose.

Les moines étaient trop bons catholiques pour ne pas reconnaître dans la raison un don divin ; ils avaient trop de bon sens pour prétendre s'en passer. Ce qu'ils s'interdisaient, c'étaient les jeux multiples et variés de la raison, qu'ils regardaient comme trop excitants.

Une fois cultivée, la raison se met à combiner, à concentrer, à prévoir, à réfléchir, à généraliser, soit en vue de la spéculation, soit pour des fins pratiques ; elle procède tantôt par synthèse, tantôt par analyse, elle découvre, elle invente.

L'état d'esprit opposé à cette activité intellectuelle, c'est la simplicité qui ne combine pas, qui ne s'inquiète pas des prémisses ni des conclusions, qui n'étudie pas les moyens et leur fin, mais laisse chaque chose telle qu'elle est en elle-même, — qui agit tout uniment envers chacune, telle qu'elle se présente, sans penser à rien d'autre. Cette simplicité est le propre des enfants, et aussi des moines.

C'était leur façon à eux de mortifier leur esprit. Tout homme vit par la raison en même temps que par les sens ; mais, si l'on peut se contenter du strict nécessaire pour la vie animale, on peut de même réduire l'usage de la raison aux simples besoins courants, sans essayer de la cultiver ou d'en tirer tout le parti possible.

Ces moines tenaient les sens et la raison pour des dons du ciel, mais ils en usaient aussi peu que possible, et réservaient tout leur temps et tout leur être pour la dévotion ; — car, si la raison est supérieure aux sens, la dévotion leur paraissait aussi meilleure que la raison et les sens tout à la fois. Un païen peut refuser à ses sens d'innocentes satisfactions pour consacrer son temps à cultiver sa raison ; ainsi les moines renonçaient aux satisfactions de la raison et des sens pour se consacrer tout entiers à la méditation divine.

Nous comprenons maintenant pourquoi il y avait de l'unité parmi les moines, et en quoi elle consistait. C'était, comme je l'ai dit, une unité d'objet, d'état et d'occupation.

Leur objet était le repos et la paix ; leur état était la retraite ; leur occupation, quelque ouvrage simple et non intellectuel, la prière, le jeûne, la méditation, l'étude, la copie, le labeur manuel, et autres travaux aussi paisibles et peu excitants. Tel était leur genre de vie dans le monde entier ; ils avaient renoncé à l'agitation des marchés, à l'art du gain, à la table du changeur, et aux lourds ballots du marchand.

Ils avaient tourné le dos aux disputes du forum, aux assemblées politiques, à la science des affaires. Ils n'avaient plus rien à voir avec l'architecte, le tailleur, le boucher et le cuisinier ; tout ce qu'ils demandaient, tout ce qu'ils désiraient, c'était la douce présence apaisante de la terre, du ciel et de la mer, la grotte hospitalière, le ruisseau qui court joyeusement, tous ces dons faciles que la terre maternelle, *justissima tellus,* octroie sans se faire prier.

« L'institut monastique », dit le biographe de saint Maur, « réclame la *Summa quies,* la paix la plus parfaite (1). » Et où trouver cette paix, sinon dans le retour à la condition première de l'homme, autant du moins que le permet le changement de circonstances ; dans la suppression de tout besoin que l'on ne puisse aussitôt satisfaire ; dans le « *nil admirari,* » dans l'absence de tout espoir comme de toute crainte ici-

(1) MABILLON, *Act. Benedict.,* t. IV, p. I, p. XXXVIII.

bas ; dans la prière, le pain et le travail de chaque
jour, chaque jour étant l'exacte répétition de celui qui
le précède, sauf qu'on y avance d'un pas vers ce grand
Jour qui absorbera tous les autres, le jour de l'éternel
repos ?

IV

Ici, pourtant, j'entre en conflit avec une grande
autorité, M. Guizot. Il me faut donc interrompre mon
raisonnement pour justifier contre lui la position que
j'adopte. M. Guizot distingue entre le monachisme
primitif, celui d'Egypte et de Syrie, et le monachisme
d'Occident, dont je regarde saint Benoît comme le
type et le représentant. Il convient que les moines
d'Orient mortifiaient l'intelligence, mais il estime que
le monachisme latin était un puissant foyer d'activité
intellectuelle.

« Le besoin de la retraite, de la contemplation, d'une
rupture éclatante avec la société civile, avait été la
source et le trait fondamental des moines d'Orient :
en Occident, au contraire, et surtout dans la Gaule
méridionale où furent fondés, au commencement du
ve siècle, les principaux monastères, ce fut pour vivre
en commun, dans un but de conversation comme
d'édification religieuse, que se réunirent les premiers
moines. Les monastères de Lérins, de Saint-Victor et
plusieurs autres, furent surtout de grandes écoles de
théologie, des foyers de mouvement intellectuel ; ce
n'était point de solitude, de macérations, mais de discussion et d'activité qu'il s'agissait là (1). »

Certes, je rends hommage à un auteur aussi savant,
aussi philosophe, aussi loyalement désireux de montrer le christianisme sous son meilleur jour. Mais je
cherche en vain ce qui l'a amené à établir cette dis-
tinction, à attribuer aux moines d'Occident l'activité
intellectuelle, à ceux d'Orient l'amour de la retraite.

Il est vrai, certains monastères d'Occident se sont
distingués par leur grande activité intellectuelle ; mais

(1) *Histoire de la civilisation en France*, t. II, p. 55 (Paris-Pichon et
Didier, 1829). Cf. AMPÈRE.

l'Orient nous offre de ce même fait des exemples bien autrement nombreux et frappants.

Si donc des cas particuliers constituent des preuves valables pour l'Occident, il faut leur accorder la même valeur pour l'Orient. On trouvera alors que les moines de ce pays étaient plus intellectuels, par le fait que les individus ou les communautés s'intéressaient bien davantage aux questions de doctrine et de controverse. Un simple coup d'œil jeté sur l'histoire ecclésiastique le prouve aisément. Si la curiosité théologique des moines de Marseille, de Lérins ou d'Adrumète (1), prouve l'activité intellectuelle de l'Occident en général, pourquoi donc la curiosité beaucoup plus vive encore des moines Scythes à Constantinople et de leurs adversaires, les Acœmètes (2), ne témoignerait-elle pas en faveur de l'Orient ? Ces deux corps religieux firent tout le chemin de Constantinople à Rome pour se dénoncer réciproquement ; ils assiégèrent le Pape, et les moines Scythes essayèrent même de soulever le peuple romain contre lui en faveur de leur opinion théologique. Cela prouve-t-il des esprits endormis ? J'ose dire que pour un moine intellectuel en Occident, on en pourrait produire douze en Orient. Les historiens reprochent aux Grecs en général leur subtilité exagérée : s'il en est qui méritent ce reproche, ce sont bien certaines communautés d'Orient. Tantôt orthodoxes, tantôt hérétiques, elles disposent dans un cas comme dans l'autre d'inépuisables arguments.

Si le moine Pélage appartient à l'Occident, Nestorius et Eutychès, tous deux hérésiarques, sont l'un et l'autre des moines orientaux. Bien plus, au moment de son hérésie, Eutychès était déjà un vieux moine, il avait été trente ans abbé d'un couvent, et l'âge, à défaut de la sainteté, aurait pu l'empêcher d'abuser ainsi de sa raison. Ses partisans étaient pour la plupart des moines d'Egypte ; ceux-ci survinrent en

---

(1) Célèbre monastère d'Afrique.

(2). Moines d'Orient, ainsi nommés (α-χοίμητος = qui ne dort point), non qu'ils eussent les yeux toujours ouverts sans dormir un instant, mais parce qu'ils observaient, sans l'interrompre ni jour ni nuit, une psalmodie perpétuelle.

force au pseudosynode d'Ephèse pour prêter main forte à une thèse de théologie ; ils frappèrent à mort le patriarche de Constantinople et mirent en fuite le légat du Pape, tout cela par esprit de chicane. Un siècle plus tard, Arius commença par entraîner sept cents religieuses dans son hérésie (1) : en fait de controverse, les couvents occidentaux peuvent-ils soutenir la comparaison ? Je n'insiste pas sur la solide orthodoxie des moines d'Egypte, de Syrie et d'Asie Mineure, au IVe siècle, parce qu'elle n'était probablement qu'une louable adhésion à la foi de l'Eglise, et que l'intelligence n'y avait qu'une faible part.

Mais voyez les grands écrivains de la chrétienté d'Orient : combien de moines parmi eux ! — Chrysostome, Basile, Grégoire de Nazianze, Epiphane, Ephrem, Amphilochius, Isidore de Péluse, Théodore, Théodoret, peut-être Athanase. Parmi les écrivains latins, point d'autres noms célèbres que ceux de Jérôme et du pape Grégoire ; je puis ajouter Paulin de Nole, Sulpice Sévère, Vincent de Lérins et Cassien, mais Jérôme est le seul érudit parmi eux. Je suis donc loin de comprendre, et encore plus d'admettre l'assertion de M. Guizot, écrivain qui ne parle généralement pas à la légère.

Mais, après tout, que la balance penche d'un côté ou de l'autre, toujours est-il qu'on ne peut se baser sur ces exemples particuliers d'activité intellectuelle pour juger le grand corps monastique : je n'en ai que faire pour l'Occident, dont je m'occupe exclusivement ici.

Pour apprécier les Bénédictins, point n'est besoin de s'inquiéter de l'état du monachisme en Egypte, en Syrie, en Asie Mineure et à Constantinople, tel qu'il existait après le IVe siècle, quand la vraie tradition monastique passait de l'Orient à l'Occident.

Au IVe siècle, les moines d'Orient suivent simplement la doctrine définie et promulguée par l'Eglise, acte de foi de leur part, et non pas exercice de la raison. Ils ne font preuve d'une activité intellectuelle bien à eux, — encore est-elle étrangère au génie de leur ordre, —

____

(1) EPIPH. *Hæres.*, 69.

qu'au début du Vᵉ siècle. Si donc nous prenons la grande tradition de saint Antoine, de saint Pacôme et de Saint Basile en Orient, pour la suivre en Occident, par l'intermédiaire de saint Athanase, de saint Martin et de leurs contemporains, nous ne trouverons dans l'histoire que des faits susceptibles d'explication et conformes aux vues que nous venons d'émettre sur la simplicité monastique, et nous nous garderons d'oublier que, dans le domaine des faits, il n'y eut jamais de règle sans exception.

<h1 style="text-align:center">V</h1>

Toute règle comporte des exceptions, et, le cas échéant, des exceptions ordinairement considérables. Ce n'est pas là un paradoxe, les exemples ne manquent pas. Ainsi, tel climat peut être fatal aux enfants, et ceux qui survivent peuvent cependant devenir des hommes vigoureux, parce que seules les constitutions robustes résistent à l'épreuve.

Lorsque les Romains, si jaloux de leur indépendance, prirent un jour le parti de remettre aux mains d'un seul chef l'autorité suprême, ils ne firent pas les choses à demi : de ce chef ils firent un dictateur. De même, il faut autre chose qu'un événement sans importance, qu'un simple mouvement du cœur, pour briser le lien qui attache le moine à sa cellule, à son oratoire et à son jardin. Les exceptions, il est vrai, peuvent être rares, parce que ce *sont* des exceptions ; mais, pour en être vraiment, elles seront grandes. Pour jeter le moine dans la vie politique, il faudra des circonstances graves, une inspiration particulière, un ordre supérieur. Il peut être sûr d'y faire grande figure ; autrement, pourquoi aurait-il été arraché à son cloître ? Ceci explique la carrière de Grégoire VII et de saint Dunstan, de saint Bernard et de l'abbé Suger, en son côté politique ; pour remplir la tâche qui les attendait, il fallait la simplicité surhumaine et la volonté opiniâtre d'un moine.

De même, saint Boniface, l'apôtre de la Germanie, et d'autres missionnaires de son temps, semblent avoir été poussés au loin par une inspiration particulière ; et il est à remarquer que la plupart d'entre eux ne tardèrent pas à devenir mi-agriculteurs, mi-pasteurs, dans leur nouveau pays, et à reprendre la vie tranquille à laquelle ils s'étaient voués à l'origine.

Quant aux anciens Pères de l'Eglise grecque, parmi ceux que j'ai cités plus haut, quelques-uns ne sont des exceptions qu'à première vue, comme Chrysostome, qui mena pendant six ans la vie monastique la plus austère, sans qu'on puisse dire toutefois qu'il en ait embrassé les engagements, ni qu'il ait renoncé absolument au monde. D'autres, comme Basile, furent des savants, des philosophes, des hommes du monde, avant d'être des moines. Ils ne pouvaient dépouiller leur culture ou leur science avec leur vêtement séculier ; dans un temps où de tels talents étaient rares, l'autorité supérieure ne pouvait manquer de les tirer de leur retraite : ils étaient tout désignés à son choix. On ne peut donc les prendre comme exemples ordinaires de la vie monastique.

Exceptio probat regulam : voyons ce que disent deux docteurs de l'Eglise, l'un grec, l'autre latin, tous deux conducteurs d'hommes, et tous deux moines, sur la vie qu'ils ont menée un temps, et à laquelle ils ont dû s'arracher.

Saint Basile dans sa solitude écrit à un ami : « Vous me dites que c'est peu de décrire le lieu de ma retraite, si je ne parle pas aussi de mes habitudes et de mon genre de vie. J'ai vraiment honte de vous dire comment je passe mes nuits et mes jours en ce coin perdu. Je ressemble à un homme qui, atteint du mal de mer, s'en prend à la taille du vaisseau qui le secoue trop, et le quitte pour une barque où il est malade et malheureux tout autant. Cependant, voici ce que je veux faire, avec l'espoir de suivre les pas de Celui qui a dit : « Si quelqu'un veut me suivre, qu'il se renonce lui-même. »

« Il faut nous efforcer d'acquérir la paix de l'âme. S'il erre de côté et d'autre sans fixer l'objet qui est devant lui, l'œil ne peut le distinguer nettement, et l'esprit, harcelé par les mille soucis du monde, ne peut saisir clairement la vérité. Celui qui ne subit pas le joug du mariage est tourmenté par des mouvements de révolte et des attachements sans espoir ; celui qui est marié est plongé dans l'agitation de ses propres soucis : il n'a pas d'enfants, il en désire ; il en a, leur éducation le tracasse. Ajoutez à cela sa sollicitude pour sa femme, le soin de sa maison, la surveillance des domestiques, les déboires dans les affaires, les différends avec les voisins, les procès, les risques du marchand, le labeur du fermier.

« Chaque jour assombrit l'âme à sa manière et les rêves trompeurs de la nuit continuent les anxiétés du jour. Eh bien, il n'y a qu'un moyen d'échapper à tout cela, c'est de quitter le monde, de façon à vivre sans cité, sans foyer, sans biens, sans société, sans ressources, sans affaires, sans engagements, sans science du monde, afin que le cœur reçoive comme la cire l'impression de l'enseignement divin.

« La solitude est ce qu'il y a de plus utile pour ce dessein, car elle apaise nos passions et donne à la raison la force de les vaincre. Qu'on trouve donc un endroit séparé du monde, comme celui-ci afin que rien du dehors ne trouble le cours de nos exercices. Les exercices de piété nourrissent l'âme de pensées divines. Les chants apaisants rendent l'esprit calme et joyeux. La paix est donc le premier pas dans notre sanctification ; la langue est purifiée du bavardage du monde, les yeux ne sont plus excités par la beauté des couleurs ou l'élégance des formes, l'oreille ne brise plus le ressort de l'âme en écoutant les chants voluptueux, ou des discours facétieux et bouffons, car il n'est rien qui énerve l'âme davantage. L'esprit, ainsi sauvé de la dissipation du dehors et des séductions des sens, se replie sur lui-même pour s'élever de là à la contemplation divine (1). »

Il est clair que saint Basile tout au moins est d'accord avec moi dans sa conception de l'état monastique.

Voici pour l'Orient au IVe siècle ; voyons mainte-

____

(1) Ep. 2, Cf. p. 23-24.

nant l'Occident au viie. « Un jour », dit saint Grégoire, après qu'il eût été forcé de quitter le cloître pour le gouvernement de l'Eglise universelle, « un jour où j'étais accablé par le tourment des affaires du siècle, je cherchais un endroit retiré propice au chagrin, où je pusse découvrir toutes les causes de mon ennui et apercevoir d'un seul coup d'œil tout ce qui me faisait souffrir. » Il fut surpris dans cette retraite par son très cher fils Pierre auquel il avait toujours témoigné pleine confiance, et il lui révéla son chagrin. « Mon triste esprit, lui dit-il, courbé sous le poids de ses obligations, se rappelle ce qu'il était autrefois dans ce monastère ; comment il s'élevait au-dessus de toutes les choses périssables, et, bien qu'enchaîné encore à la chair, s'en échappait par la contemplation, de sorte que la mort même, que l'on considère comme un châtiment, il la chérissait comme la porte de la vie et la récompense de nos peines.

« Mais maintenant, la charge pastorale l'engage dans les tracas et les affaires des hommes du siècle, et, au lieu de la belle tranquillité qui lui était chère, il est déshonoré par la poussière de la terre.

« Il se disperse dans les choses extérieures pour servir les autres, et quand il cherche à rentrer en soi-même il y parvient, sans doute, mais il n'est plus ce qu'il était autrefois (1). »

Grégoire, à Rome, et Basile, dans le Pont, se font donc la même idée de l'état monastique : solitude et repos. Il y a eu depuis de grands ordres religieux qui n'ont vécu et prospéré que dans la lutte. Ce fut leur haute vocation, leur mérite particulier ; mais quant au Bénédictin, l'air même qu'il respire est la paix.

VI

J'en ai dit assez pour expliquer et justifier le biographe de saint Maur, quand il dit que l'objet, la vie, et la récompense du monachisme ancien étaient la *summa quies*, — l'absence de toute excitation sensible ou intellectuelle, la vision de l'éternité.

(1) Dial., I, I. Cf. *Essays*, vol. II, p. 284.

Et c'est pourquoi je déclare cette discipline religieuse plus poétique que toute autre. C'était un retour à ce premier âge du monde si souvent chanté par les poètes : la vie simple de l'Arcadie, ou le règne de Saturne, alors que la fraude et la violence étaient inconnues. C'était un retour à ces temps, non plus fabuleux, mais réels, d'innocence et de miracle, où Adam bêchait, Abel gardait les troupeaux, Noé plantait la vigne, où l'homme était visité par les anges.

C'était réaliser à la lettre ces premiers temps de l'Evangile dont les prophètes nous avaient fait une peinture si vive, si colorée.

La nature au lieu de l'art, le vaste monde et la majesté du ciel au lieu de la cité populeuse, les bêtes dociles de la campagne au lieu des passions sauvages et des rivalités de la société, la tranquillité au lieu de l'ambition et des soucis, la méditation divine au lieu des prouesses de l'intelligence, le Créateur au lieu de la créature : telles étaient les richesses ordinaires du moine. Il avait éprouvé le monde et découvert sa perfidie ; ou bien il avait fui sa société, avant d'en avoir reçu aucune avance ; — ainsi saint Antoine s'enfuit au désert, saint Hilarion chercha le rivage de la mer, saint Basile gravit la montagne, saint Benoît se réfugia dans une caverne, saint Gilles s'ensevelit dans les forêts, saint Martin choisit le large fleuve, afin que le monde ne troublât pas leur vue et que leur âme fût en paix.

Toute la poésie est en germe dans ce calme de l'esprit et des passions.

Je ne prétends pas me lancer ici dans une définition de la poésie. Il peut se faire aussi qu'on taxe d'abus l'emploi que je fais ici des mots. Mais, quelle que soit mon imprécision, je voudrais expliquer ce qu'il signifie pour moi ; d'ailleurs, libre à chacun de lui substituer le terme de son choix.

Quelle que soit son essence métaphysique et la variété de ses genres ; qu'elle soit déterminée par l'action ou par la souffrance ; qu'elle ait plus d'affinité avec la société ou avec la nature ; qu'Homère en interprète mieux l'âme et l'esprit que Virgile, peu m'importe : elle est toujours pour moi l'opposé de la *science.*

A mesure que la science progresse sur un point quelconque, la poésie s'en retire.

Les deux ne peuvent coexister. Elles appartiennent à deux façons contradictoires d'envisager les choses. La raison examine, analyse, compte, pèse, mesure, vérifie, situe exactement l'objet de sa contemplation et arrive ainsi à le connaître scientifiquement. La science aboutit à un système d'unité complexe. La poésie aime l'indéfini et le varié, par opposition à l'unité ; le simple en tant qu'opposé au système. Le but de la science est de saisir les choses, de les étreindre, de les manier, de les comprendre, c'est-à-dire (pour employer le langage courant), de s'en rendre *maître*, de leur être supérieur.

Son triomphe, c'est de les circonscrire exactement, de dire où chacune d'elles se trouve dans cette circonférence, et de déterminer la place de chacune par rapport aux autres. Sa mission est de dissiper l'ignorance, le doute, le soupçon, l'incertitude, l'illusion, la crainte, l'erreur, selon le :

> Felix qui potuit rerum cognoscere causas

du poète, qui, par parenthèse, fait ressortir, dans tout ce passage, le contraste entre l'aspect poétique et l'aspect scientifique des choses (1).

Le poétique, pour être perçu, demande une disposition d'esprit toute différente. Il exige, comme condition première, que nous nous mettions, non pas au-dessus des objets dans lesquels il réside, mais à leurs pieds ; que ces objets, nous sentions qu'ils nous sont supérieurs et nous dépassent ; que leur présence nous pénètre de respect ; qu'au lieu de nous imaginer que

---

(1)   Me vero primum dulces ante omnia Musæ
Accipiant, *cælique vias et sidera monstrent,* etc..
Sin, has ne possim naturæ accedere partes,
Frigidus obstiterit circum præcordia sanguis,
Rura mihi et rigui placeant in vallibus amnes, etc..

Ou encore :

Felix qui potuit rerum cognoscere *causas,*
Fortunatus et ille, Deos qui novit agrestes...

nous pouvons les comprendre, nous tenions pour certain qu'ils nous enveloppent et nous comprennent nous-mêmes. Il suppose que le monde formé par ces objets nous frappe par sa grandeur, son immensité, son insondable profondeur, son mystère ; tellement que les conclusions que nous croyons pouvoir hasarder sur leur nature sont tout au plus de simples hypothèses, car les phénomènes qu'ils présentent admettent de nombreuses explications, et nous pouvons connaître la vraie. La poésie ne s'adresse pas à la raison, mais à l'imagination et au cœur : elle inspire l'admiration, l'enthousiasme, la dévotion, l'amour. De là vient que l'enfant est si plein de poésie, parce qu'il sait si peu, et que le vieil homme du monde en est si dépourvu, parce que son expérience et sa pratique sont trop vastes. De là vient qu'en général il y a plus de poésie dans la nature que dans l'art, en dépit de Lord Byron, parce que la nature est moins facile à comprendre et supporte moins la définition ; que l'histoire est plus poétique que la philosophie ; le sauvage, plus que l'homme des villes ; le chevalier errant, plus que le général ; le petit sentier qui serpente, plus que la ligne de chemin de fer toute droite ; le bateau à voiles, plus que le bateau à vapeur ; la tour en ruines, plus que la pimpante maisonnette de banlieue ; la robe turque, ou le pourpoint d'Espagne, plus que l'habit à la française.

En voici plus qu'il n'en faut pour faire entendre clairement ma pensée, quand je parle de poésie dans la vie des anciens moines.

La grande famille religieuse fondée par saint Benoît répond de plus d'une façon à la description que je viens d'esquisser : pour s'en convaincre, il suffit d'un simple regard jeté sur son histoire. Si son esprit est toujours un, ses manifestations extérieures sont variées. Cet ordre ne procède pas d'un seul esprit à un moment particulier ; il n'apparaît pas tout d'un coup dans sa pleine perfection, ni en son complet développement, avec une seule et même forme partout et toujours, du commencement à la fin, comme les autres grandes institutions religieuses. Mais, tel un grand produit de la nature, c'est un organisme divers, complexe, irrégulier, aux ramifications variées, plus riche que symetrique; il a des racines multiples, des pousses nombreuses, différentes suivant les lieux. Ses traits portent la preuve qu'il est l'œuvre de Dieu, et non la simple création du génie de l'homme. Au lieu de se développer d'après un plan et un système, par la volonté d'un supérieur, il a surgi et s'est répandu comme de lui-même ; il s'est conformé aux événements, de par une plénitude de sève intérieure impossible à contenir, de par l'énergique instinct de ses membres, telles ces créatures symboliques de la vision du prophète, qui « allaient chacune droit devant elle, là où les poussait le souffle de l'esprit ». Il a été répandu plutôt qu'envoyé sur la terre, par une opération toute de silence et de mystère, pendant que les hommes dormaient, et au milieu d'aventures romanesques dont les héros ont à peine laissé trace de leur nom.

C'est ainsi qu'il est venu à nous, plutôt qu'il ne s'est élevé parmi nous ; qu'il a été trouvé, plutôt que créé. Ses différents monastères, éparpillés sur toute la surface du pays, l'occupent avec plus de majesté encore que les vieilles demeures seigneuriales. Leur antiquité notoire, leur origine inconnue, leur longue et riche histoire, leurs rapports avec les saints et les docteurs du passé, les légendes qui flottent autour d'eux, leurs privilèges héréditaires, leur suprématie probable sur les autres maisons religieuses, leur influence sur les associations des alentours, leurs amitiés traditionnelles, leurs pactes avec les grands seigneurs terriens, les bienfaits qu'ils ont répandus, la sainteté qu'ils respirent, — tout fait d'eux des objets à la fois de religieux respect et de tendre affection.

VII

Telle est la grande abbaye de Bobbio, dans les Apennins, où saint Columban vint mourir, après avoir quitté avec douze moines son couvent de Bangor, et avoir passé sa vie à prêcher et à fonder des monastères dans la France et la Bourgogne à demi païennes. Telle l'abbaye de Saint-Gall, sur le lac de Constance, ainsi appelée d'un autre Irlandais, un des compagnons de saint Columban, qui resta en Suisse lorsque son maître passa en Italie.

Telle aussi l'abbaye de Fulda, où repose saint Boniface, qui, brûlant de convertir les Germains, échoua à un premier essai, réussit au second, et couronna par le martyre quarante-cinq années de labeur.

Tel le mont Cassin, métropole du nom bénédictin, où le saint brisa l'idole et abattit le bois d'Apollon.

Ces antiques monastères impressionnent l'esprit par leur mélange de grandeur et de charme.

Plus que les autres monuments du passé ils se dressent dans l'histoire, riches d'intérêt et de souvenirs.

Tout ce qu'il y a d'autorité vénérable dans les autres fondations, évêchés, cathédrales et collèges, est réuni en eux. Chaque porte, chaque cloître a son histoire ; le temps a gravé sur leurs murs la chronique de ses révolutions. Et, même tombant en ruines et s'en allant en poussière, ils vivent dans l'histoire, dans les œuvres des archéologues, dans les tableaux et les reliques qui nous en restent, et dans la tradition du lieu.

Dans la première moitié du siècle dernier, la Congrégation de Saint-Maur envoie deux de ses membres à travers la France et les pays voisins, afin de recueillir des matériaux pour son célèbre ouvrage. Les voyageurs passent, entre autres lieux, dans la forêt des Ardennes, rendue classique par la prose de César et les vers de Shakespeare.

Ils trouvent là le grand couvent bénédictin de Saint-Hubert (1).

Si j'insiste un instant sur l'illustration que ce monastère apporte à ce que je viens de dire, ce n'est pas que vingt autres maisons religieuses qu'ils visitèrent ne puissent tout aussi bien servir mon dessein ; c'est parce qu'il me tombe sous la main en feuilletant leur ouvrage.

---

(1) *Voyage littéraire*. — Voir aussi CALMET, *Lorraine*, t. I, p. 1043. MORÉRI, art. Saint-Hubert. — *Gallia Christ.*, t. III, p. 966. — MABILLON, *Annal Bened.*, t. II, pp. 16, 441, 606. — BUCHERII, *Gest Tungr.*, etc., t. I, p. 153. — HÉLYOT, *Ordres Mon.*, t. VI, p. 296.

La vénérable abbaye en question portait alors le poids d'un millier d'années ; ses richesses, son nom, ses privilèges, et ce qui n'est pas sa moindre recommandation, la sainteté de ses membres, la rendaient particulièrement célèbre dans la contrée. Les terres sur lesquelles elle était située lui appartenaient ; seize villages y étaient compris. Les vieilles chroniques nous apprennent qu'au milieu du VII° siècle, saint Sigebert, roi d'Austrasie, fit choix des Ardennes pour y établir douze monastères, dans l'espoir d'obtenir du Ciel un héritier à sa couronne. Mort prématurément, il ne remplit qu'en partie ses pieuses intentions, qui furent reprises soixante ans après par Pépin, à l'instigation de son chapelain, saint Bérégise : du moins, Pépin fit-il commencer l'abbaye dont nous parlons. Ancien moine de Saint-Tron, Bérégise choisit pour la nouvelle fondation, un endroit situé au milieu de la forêt, marqué par les ruines d'un temple dédié à Diane, déesse de la chasse. D'un signe de croix le saint homme exorcisa la place ; abbé de la nouvelle maison, il la peupla de moines, ou, ce qui est moins probable, de chanoines séculiers.

Depuis ce temps, jusqu'au jour d'été où les deux Mauristes le visitèrent, le saint monastère, avec des fortunes diverses, était resté en possession du pays.

En y pénétrant, ils trouvèrent l'abbaye à la fois pleine et vide : vide de moines, ceux-ci étant occupés aux champs à faire la moisson ; pleine de pèlerins, qui venaient chaque jour en grand nombre visiter le tombeau de saint Hubert.

Quelle longue suite d'événements il faudrait rappeler pour faire pleinement comprendre cette simple note de voyage ! Que de poésie dans le tableau qu'elle nous met sous les yeux, comme dans ces événements eux-mêmes, lorsqu'on les raconte en détail !

Si j'avais à retracer ici cette histoire, et non pas seulement à l'illustrer d'un exemple en passant, je dirais combien austère fut l'observance des moines pendant les derniers siècles qui précèdent l'arrivée de nos voyageurs, depuis la réforme opérée par l'abbé Nicolas de Fanson, sur le modèle de la Congrégation française de Saint-Vanne. Je raconterais comment, simple moine à l'abbaye de Saint-Hubert, Nicolas avait conçu le désir de la quitter pour une communauté plus sévère ; comment son vieil abbé étant mort subitement, il se vit, à sa grande surprise, et déjà sur le point de partir, élu à sa place.

Je dirais aussi comment, une fois coiffé de la mitre abbatiale, il entreprit de réformer la maison qu'il avait failli quitter ; comment il fit venir dans ce but deux moines de Saint-Vanne ; comment l'évêque de Liège, dont il était le diocésain, s'opposa à son pieux dessein ; comment quelques moines de l'ancienne école tentèrent de l'empoisonner ; comment, ayant réussi dans son entreprise, il ne lui fut pas donné cependant de réunir son abbaye à la Congrégation dont il avait adopté la réforme ; comment, enfin, son bon exemple encouragea les abbayes voisines à entreprendre pour leur compte une réforme qui aboutit à l'union de toutes les maisons de Flandre.

Et ce ne serait là pourtant qu'un simple épisode parmi toutes les aventures arrivées à l'abbaye et à ses abbés dans le cours de leur histoire.

Avant Nicolas de Fanson, l'abbaye avait déjà traversé maintes périodes de décadence, et subi maintes réformes d'origine diverse. Aucune n'est plus fameuse que celle de l'année 817, un siècle environ après la fondation, alors que les chanoines séculiers qui s'y sont installés, on ne sait comment, sont chassés, et remplacés par des moines, sur la demande de l'évêque de Liège, mieux disposé que ne devait l'être son successeur au temps de Nicolas. Les nouveaux habitants sont rejoints par quelques personnes de haute naissance de la ville épiscopale, qui leur inspirent une démarche hardie : ils tâchent d'obtenir de Liège le corps du grand saint Hubert, l'apôtre des Ardennes.

Grande est la résistance de la ville. Mais l'abbé Alreus, ami et collaborateur de saint Benoît d'Aniane, premier réformateur de l'Ordre avant Cluny, va trouver l'évêque ; celui-ci va trouver l'archevêque de Cologne, et tous deux se rendent auprès de l'empereur Louis le Débonnaire, qui aimait à chasser dans la forêt. Il soumet l'affaire au grand Conseil d'Aix-la-Chapelle, et obtient une décision favorable. Avec une grande solennité, le corps du saint est donc porté par eau à sa nouvelle destination.

En mémoire de l'événement, Louis donne à l'abbaye un calice d'or et un magnifique évangéliaire orné de pierres précieuses, que les visiteurs purent voir dans le trésor. Ce précieux travail avait été sans doute exécuté dans quelque autre maison bénédictine, ainsi que le fameux Psaultier, écrit en lettres d'or, qu'ils mentionnent également. Le donateur, l'empereur Lothaire, fils de Louis, y est représenté à la première page, couronne en tête, le sceptre d'une main, l'épée de l'autre ; une sorte de fleur de lys serre à l'épaule sa robe d'hermine : — deux siècles après, ce précieux Psaultier, avec toutes ses enluminures, se trouve appartenir, sans qu'on sache comment, à Helvidia de Dagsbourg, qui le donne à son jeune fils Brunon, plus tard pape sous le nom de Léon IX, pour y apprendre ses psaumes. Mais, le jeune saint ne faisant pas de progrès, elle en conclut qu'elle n'a aucun droit sur le livre. Avec Brunon, elle se rend en pèlerinage à Saint-Hubert, y restitue le Psaultier, et fait don en outre d'un Sacramentaire.

Mais revenons aux reliques du saint. Le corps est donc transporté par la Meuse. Le cercueil étant de marbre, c'est sans doute la seule voie possible ; puis, les habitants de Liège, indignés, auraient fort bien pu empêcher le voyage par terre. Par le fait, dans les années suivantes, ils tentent à plusieurs reprises de rentrer en possession du corps.

Aussi, les bons moines des Ardennes le cachent dans l'enceinte de leur monastère, ne confient le secret de sa tombe qu'à deux membres de la communauté à la fois. Dans la sacristie, ils n'exposent à la vénération des pèlerins que la croix d'ivoire et l'étole du saint, son peigne et la semelle de sa chaussure, et Diana, margrave d'Autriche, leur fait don d'un coffret d'or pour renfermer l'étole. Encore ne se décident-ils qu'assez tard à montrer ces reliques. Car ils hésitent tout d'abord à laisser les étrangers pénétrer dans leurs cloîtres ; et, en 838, quand des pluies prolongées ayant détruit les récoltes, le peuple vient en procession demander l'intercession du saint, le prudent abbé Sewold se retranche derrière la règle pour ne laisser entrer que les prêtres, par trois ou quatre, pieds nus, et quelques laïques seulement avec chacun d'eux. Les suppliants sont pourtant de braves gens qui ne songent pas à mal : leur piété fait cesser la pluie, et le pays triomphe, grâce à saint Hubert des Ardennes. A dater de ce jour-là, d'autres que les moines furent intéressés à ce qu'il restât dans la forêt.

Voilà qui explique pourquoi nos voyageurs trouvèrent la cour de l'abbaye encombrée de pèlerins. Depuis longtemps, dès le XIᵉ siècle au moins, la piété populaire attribuait à saint Hubert une puissance toute spéciale. La grâce particulière que l'on demande par sa glorieuse intercession rappelle ce goût marqué pour la forêt, de préférence à la ville, dont il avait fait preuve avant sa conversion. Il est connu pour guérir ceux qui ont été mordus par des animaux enragés, surtout par des chiens de chasse. Les malades étaient reçus dans un hôpital attenant à l'abbaye, et soignés par le sacristain. Les rites suivis, infaillibles, il est vrai, n'étaient cependant pas sans avoir une vague saveur de superstition. C'était l'avis de personnes prudentes. Il est certain que à première vue, ces rites semblaient étranges.

Une accusation formelle fut en conséquence portée contre eux devant l'évêque de Liège : un procès s'ensuivit. L'évêque, l'Université de Louvain et sa Faculté de médecine conduisirent l'enquête ; elle tourna en faveur de l'abbaye, pour ce motif que ce que l'on prenait pour un charme pouvait fort bien n'être qu'un traitement médical.

Le moine sacristain était l'instrument de la guérison. Mais, dans l'ensemble, les soins à donner aux malades étaient confiés à des gens du dehors, et des prêtres séculiers desservaient l'hôpital. Les moines ne confessaient que les leurs, se réservant ainsi tout entiers aux devoirs propres du bénédictin, — le chœur, l'étude, le travail manuel, la transcription des livres.

Les Mauristes purent juger à la fois de leurs travaux agricoles et de leurs travaux calligraphiques, car les manuscrits de leur bibliothèque étaient les plus remarquables de la contrée. On y voyait des copies de la Bible de saint Jérôme, les Actes des Conciles, l'Histoire de Bède, Grégoire et Isidore, Origène et Augustin.

Les Mauristes nous parlent d'une façon aussi engageante des bâtiments monastiques eux-mêmes, que de l'hôpital et de la bibliothèque.

Ces bâtiments disent l'histoire du passé et des transformations qu'ils ont subies avec le temps. Ce furent d'abord les pauvres huttes de saint Bérégise sur le sol à demi défriché et encore marécageux de la forêt ; vint ensuite la maison construite pour recevoir le corps de saint Hubert ; des siècles après, saint Thierry, intime ami du grand pape Hildebrand, la reconstruit magniquement pendant qu'il est abbé.

Comme plus tard Nicolas, il est méconnu par ses moines ; après sa mort, ceux-ci s'avisent, un peu tard, de découvrir qu'il était un saint ; ils déposent son corps dans la crypte où il repose en paix avec un autre saint abbé, jusqu'à ce que les Calvinistes viennent au xvie siècle profaner leur tombe et réduire en cendres leurs ossements.

Les traces de ces mêmes fanatiques se retrouvaient sur les piliers de la nef. L'église avait été construite au xiie siècle par l'abbé Jean de Wahart ; réédifiée quatre siècles plus tard par les abbés Nicolas de Malaise et Remacle, l'ami de Louis de Blois, elle avait été décorée par l'abbé Cyprien, surnommé l'ami des pauvres.

Les voyageurs, sans doute, admirèrent le marbre du chœur et du sanctuaire, ainsi que les chandeliers d'argent du maître-autel donnés par le seigneur Abbé du moment.

Peut-être l'entendirent-ils chanter solennellement la messe de l'Assomption, comme c'était son habitude en cette fête, avec ses quatre chapelains séculiers, l'un portant la croix, l'autre la mitre, le troisième le grémial et le quatrième le bougeoir, accompagné par les sons graves de l'orgue et par les cloches harmonieuses, vieilles d'un siècle déjà, et don de l'abbé Balla.

L'humain et le divin, le doux et l'austère, l'animation et le calme, la splendeur et la simplicité, se trouvent-ils nulle part réunis avec plus de grâce que dans une grande maison religieuse comme celle-là, rigoureuse dans son observance et fidèle au but primitif de la fondation ?

VIII

On a accusé les moines de placer toujours leurs monastères dans les plus beaux sites, comme si c'était un luxe chez les ascètes et non pas plutôt le correctif nécessaire à leur austérité. Les critiques les plus indulgents attribuent ce choix à une sorte de mollesse sentimentale, préoccupée de s'entourer d'un beau décor. Dans sa *Topographie du Hampshire*, M. Warner, que je cite parce qu'il est moins partial que le commun des auteurs, dit de l'abbaye de Beaulieu : « La rivière est très poissonneuse, et renommée en particulier pour ses huîtres et ses beaux carrelets ; des bois splendides tombent jusqu'au bord de l'eau. A l'intérieur de la clôture, on voit les traces de viviers creusés autrefois pour l'usage du couvent. Quelques-uns subsistent encore, et sont remplis de poissons.

« Pour tout ce qui est de l'eau, les moines font preuve du plus grand luxe ; quand il s'agit de se procurer une belle source, ils ne ménagent ni leur peine ni leur dépense. A un demi-mille environ, au sud-est de l'abbaye, s'étend une épaisse forêt ; dans un endroit presque inaccessible, se trouve une grotte formée de pierres polies. L'entrée en est très resserrée, mais elle s'élargit graduellement en une sorte de petite chambre, large de sept pieds, profonde de dix, et haute de cinq environ. Cette chambre abrite une source abondante et limpide, qui, débouchant par l'entrée de la grotte, va se perdre dans une profonde cavité où elle est recueillie, m'a-t-on dit, par une conduite de petits tuyaux de pierre qui, primitivement, lorsqu'ils étaient en bon état, l'amenaient jusqu'à l'abbaye.

« Il faut rendre justice au goût des moines : en général, ils choisissent des sites merveilleux, témoin l'abbaye de Beaulieu. Il serait difficile de trouver dans tout le royaume un endroit qui convienne mieux à la solitude monastique. Les bois profonds qui l'entourent donnent à ce lieu un air d'obscurité, de calme solennel et de mystère, bien propre à exciter les émotions religieuses ; le ruisseau qui court à la lisière est pour le reclus un frappant emblème de la vie ; son doux murmure apaise son esprit, en même temps que sa fuite incessante et irrévocable l'invite aux pensées graves et aux sérieuses réflexions (1). »

Mais, tout compte fait, la vie des moines n'était pas si douce, et si M. Warner les avait vus, il n'eût pas manqué d'être étonné de leur austère et suave simplicité.

Les moines n'étaient pas des rêveurs sentimentaux, épris de la mélancolie des vents, du murmure des ruisseaux, du balancement des grands bois, du mugissement des cascades. Leur poésie était celle du dur labeur et de la maigre chère, la poésie de cœurs dépouillés d'égoïsme et de mains toujours ouvertes pour donner. Ils savaient labourer et récolter, élever une haie et creuser un fossé ; ils savaient drainer, ils savaient abattre les arbres et les tailler, couvrir leurs huttes de chaume et les entourer de barrières ; ils savaient faire une route, détourner ou s'assurer le cours d'un ruisseau, jeter un pont sur un torrent. M. Warner mentionne un de leurs luxes, — l'eau claire et saine : faudrait-il le leur interdire, quand il était le fruit de leurs patients efforts ? Leurs sites sont pittoresques, leurs paysages splendides, mais c'est leur travail qui les a rendus tels ; ils ont, j'imagine, le droit de jouir de l'œuvre de leurs mains. Ils trouvent un marais, une lande, un taillis, des rochers, et ils en font un Eden en plein désert. Ils détruisent les serpents, les chats sauvages, les loups, les sangliers, les ours ; ils mettent en fuite ou convertissent les vagabonds et les voleurs.

(1) T. I, p. 237, etc.

La sombre tristesse des forêts s'évanouit, et pour la première fois depuis le déluge, le soleil brille sur le sol humide.

Ross semble avoir songé à saint Benoît lorsqu'il a dit :

« Qui a garni de bois le sommet brûlant de cette montagne ? — Qui a fait jaillir la source des rochers arides ? — Qui donc a fait passer dans la vallée cette route bordée d'arbres ? — Qui a placé ces bancs où se repose le voyageur fatigué ? — Quand l'âge et la nécessité viennent en souriant s'asseoir à sa porte, — il leur ouvre un hospice convenable, mais sans apparat. — Les jeunes filles qu'il a dotées, les orphelins mis en apprentissage, — l'homme qui travaille et le vieillard qui se repose, tous le bénissent. »

Les écrivains de bonne foi, qu'ils soient ou non catholiques, reconnaissent les bienfaits de saint Benoît. Les historiens anglais eux-mêmes, et bien plus encore les historiens étrangers, sont unanimes sur ce point. « Nous devons aux moines la restauration de l'agriculture dans la plus grande partie de l'Europe, » dit M. Hallam. « Les moines furent de beaucoup les meilleurs agriculteurs et les meilleurs jardiniers, » dit Forsyth. « Nul ne fit jamais valoir ses terres et ses possessions comme les moines, par leurs constructions et leurs méthodes de culture, » dit Warton. Sharon Turner conclut de l'étude du *Doomsday Book* (1) que les terres de l'Eglise étaient beaucoup mieux cultivées que celles des autres propriétaires, car elles contenaient moins de bois et de pâtures incultes, et plus de prairies. « En quelque lieu qu'ils vinssent, » dit M. Soame, dans ses notes sur Mosheim, « les moines convertissaient le désert en pays cultivé ; ils s'occupaient d'agriculture et d'élevage, labouraient de leurs mains, desséchaient les marais, défrichaient les forêts. Ils firent de la Germanie un pays fertile ». M. Guizot n'est pas moins affirmatif : « Les moines bénédictins ont été les défri-

____

(1) Sorte de cadastre des comtés anglais, rédigé en français, sous le règne de Guillaume le Conquérant.

cheurs de l'Europe ; ils l'ont défrichée en grand, en associant l'agriculture à la prédication » (1).

En imposant à ses moines le travail manuel, saint Benoît ne visait ni à l'utilité sociale, ni à la poésie, mais à la pénitence, il se trouva pourtant faire œuvre utile et poétique tout à la fois. Les auteurs dont j'ai parlé s'attachent plutôt à son côté utile. J'insisterai sur la poésie, qui caractérise à la fois sa manière de servir Dieu et d'être utile aux hommes. Le romanesque et le pratique, le plaisant et le sérieux, se joignent dans leur histoire et dans leurs aventures ; le même individu y est à la fois pionnier, chasseur, fermier, ingénieur, missionnaire, et, par surcroît, saint et thaumaturge.

Saint Columban, arrivant en Bourgogne avec ses douze moines, s'installe dans un lieu sauvage, et leur fait cultiver la terre. Au début, la faim les tourmente ; ils en sont réduits à se nourrir d'herbes et d'écorces ; ils restent une fois cinq jours sans autre ressource.

L'un d'eux, saint Gall, se rend dans une forêt de Suisse, redoutée pour ses bêtes sauvages ; il choisit le voisinage d'un torrent, fabrique une croix avec deux branches, y suspend quelques reliques, et fonde sa célèbre abbaye. Saint Ronan vint d'Irlande en Cornouailles, et se choisit pour ermitage un bois infesté de bêtes sauvages, auprès du cap Lizard. Les moines de saint Dubritius, fondateur des écoles galloises, recherchèrent aussi les bois, et s'y livrèrent à de rudes travaux, à l'agriculture et à l'établissement de routes.

Saint Sequanus choisit un lieu où « les arbres touchent presque aux nuages ». Lui et ses compagnons se demandent d'abord comment ils pourront y pénétrer. Puis ils découvrent un sentier tortueux si étroit, si rempli d'épines, qu'on a peine à mettre un pied devant l'autre. A grand'peine, et non sans déchirer leurs vêtements, ils s'enfoncent dans les profondeurs

____

(1) HALLAM, *Middle Ages*, vol. III, p. 435. — FORSYTH, *Antiqu.*, vol. I, pp. 37, 44, 179. — TURNER, *Anglo-Sax.*, vol. II, p. 167. *Murdoch's Mosheim*, vol. II., p. 21, etc. — GUIZOT, *Hist. de la civilisation en France*, t. II. p. 72 (éd. Pichon et Didier. — Paris 1840)

de cette âpre forêt, et, rampant dans l'obscurité, ils aperçoivent une caverne recouverte par un épais lacis de branches, obstruée par des pierres et des plantes.

« C'était la caverne des brigands, et le repaire des mauvais esprits », dit le récit monastique. Sequanus tombe à genoux, prie, fait le signe de la croix sur ce lieu sinistre, et y bâtit sa cellule. Ainsi fut fondée la célèbre abbaye qui porte son nom en Bourgogne (1).

Sturm, bavarois converti par saint Boniface, est saisi, comme autrefois son maître, du désir de fonder une maison religieuse dans les solitudes de la Germanie païenne. Il se met en route avec deux compagnons, marche pendant deux jours à travers la forêt de Buchonie, où l'on ne voit que la terre, le ciel, et des arbres immenses. Le troisième jour, il s'arrête et fait choix d'un lieu qui ne répond pas à son attente. Alors, monté sur un âne, il se remet tout seul en marche, jusqu'à ce qu'il arrive à l'endroit (décrit par saint Boniface comme « *locum silvaticum in eremo, vastissimæ solitudinis* »), où s'élevèrent ensuite l'abbaye et l'école de Fulda.

Wunibald, qui avait appris à se méfier du vin du Rhin, quitta les rives qu'il habitait, et acheta le site où s'éleva par la suite Heidensheim. C'était alors une forêt sauvage, qui couvrait une vallée profonde et les flancs de hautes montagnes. La hache à la main, il se mit à défricher l'emplacement où devait s'élever sa maison religieuse, cependant que les farouches habitants du lieu le regardaient avec malveillance, craignant pour leurs chasses et leurs arbres sacrés. Son frère Willibald avait fait de même : il avait percé sa forêt de chemins nombreux, et y avait élevé çà et là des monastères. L'Irlandais Alton se choisit une forêt à mi-chemin entre Munich et Vienne. Pirminius s'établit dans une île connue par ses serpents ; son ermitage et sa chapelle y

---

(1) Saint-Seine-l'Abbaye, à 26 kilomètres de Dijon. — Cf. NEANDER, *Memorials*, pp. 436, 451, 473, Bohn. — RADER, *Bavaria Sacra*. — CALLES, *Ann.*, *Germ.*, t. I, pp. 200, 276, 317, 318. — GUIZOT, *Civil.*, t. II, p. 139. — WHITAKER'S, *Cornwall*, t. II, p. 196. — FOSBROKE, *Antiq.*, p. 16.

devinrent la riche et noble abbaye-école d'Augia-Major ou Reichenau (1).

Une autre école plus célèbre encore, celle du Bec, est fondée plus tard par Herluin, ancien soldat, qui fait de sa maison et de sa ferme un monastère, dont il est le premier abbé. « Quand l'office était terminé à l'église », dit son biographe, « vous pouviez le voir partir dans les champs, à la tête de ses moines, avec son sac de semence autour du cou, son râteau ou son sarcloir à la main. Il travaillait dur avec eux jusqu'à la fin du jour. Les uns enlevaient les ronces et les herbes ; d'autres répandaient des engrais, sarclaient ou semaient : nul ne mangeait son pain dans l'oisiveté. Quand venait l'heure de l'office, ils s'assemblaient ponctuellement à l'église. Ils se nourrissaient en général de pain de seigle et de légumes au sel et à l'eau ; et l'eau n'était pas claire, car la source était à deux milles de là (2). »

Lanfranc, encore séculier, fut si édifié de la simplicité de l'abbé, revenant des champs et se mettant avec des mains terreuses à cuire le pain, qu'il demanda immédiatement à être admis au monastère (3). Il n'était pas fait pour le travail manuel : il ouvrit une école de logique qui augmenta les ressources de la communauté. Tel fut le berceau de la théologie scolastique. A peu près à la même époque, une scène semblable illustre les dernières années de l'âge des Pères : au milieu d'une forêt sauvage, repaire de brigands, dans un endroit appelé la Vallée de l'Absinthe, saint Bernard fonde l'abbaye de Clairvaux ; ses treize compagnons défrichent les alentours, ils élèvent quelques huttes et vivent là de pain d'orge, ou d'ivraie, et de feuilles de hêtre bouillies en guise de légumes (4).

Quel beau portrait Siméon de Durham nous fait d'Easterwine, premier abbé de Wearmouth après Bennet de Saint-Pierre ! c'était un homme de noble

<hr>

(1) MEYRICK'S, *Willibald*, p. 68. — *Bavaria Sacra*, p. 119. — PETRI, *Suevia Eccles.*, p. 96. — GALLES, *Ann. Germ.*, t. I, p. 191.

(2) BUTLER, Vie des Saints, 20 août.

(3) Apud. MABILLON, *Act. Bened.*

(4) THOMASS., *Disc., Eccles.*, t. III, p. 513.

naissance qui se donna à la religion et mourut en pleine jeunesse.

« Bien qu'il eût été au service du roi Egfrid », dit Siméon, « dès qu'il eut renoncé aux affaires du siècle et déposé les armes pour ne plus s'adonner qu'aux combats spirituels, ce ne fut plus qu'un humble moine tout comme les autres. Dans la joie et l'obéissance, il allait avec ses frères à la boulangerie, au jardin, à la cuisine, vanner, traire les brebis et les vaches, remplir tous les devoirs domestiques.

Nommé abbé, il resta envers chacun doux, affable et bon ; si quelque faute était commise, il la punissait selon la règle, mais sa simple et franche conviction pénétrait si bien le coupable, que celui-ci n'avait nulle envie de troubler de nouveau la sereine clarté d'un tel visage.

« Et souvent, en passant près de ses frères, il voulait partager leur ouvrage, pousser la charrue avec eux, façonner le fer ou agiter le van. Il était jeune et fort, élégant d'aspect, avec une voix douce, un cœur généreux et un caractère gai. Il partageait la nourriture, le réfectoire et le dortoir de ses frères. Pendant les deux premiers jours de sa maladie, il resta dans le dortoir commun ; la mort était proche, et il le savait. Pour les derniers jours, il se retira dans une pièce plus solitaire, et enfin, sortant et s'asseyant dehors, il appela ses frères avec sa tendresse accoutumée, il donna le baiser de paix à ses moines qui pleuraient, et mourut dans la nuit pendant qu'ils chantaient laudes (1). »

IX

La douceur et la tendresse de cœur, aussi bien que la simplicité, semblent donc caractériser les moines. Si quelques saints parmi eux en ont manqué sur la scène du monde, c'est qu'ils ont été tirés de leur couvent dans quelque dessein spécial ; je le répète : en général, toute règle comporte de graves exceptions. Bède nous rapporte que le roi Ethelbert, converti par saint Augustin, « avait appris de ses maîtres que, dans

(1) P. 93. Ce passage semble emprunté à Bède.

la voie du ciel, il fallait attirer les hommes, et non les contraindre ».

Même principe pour la conversion des schismatiques. « Il faut les convaincre et non les forcer, » disent les Pères d'un Concile réuni pour juger les erreurs des chrétiens de la Bretagne. Aldhelm écrit un livre à ce propos, et en ramène un grand nombre.

A Bristol, on se livre au commerce des esclaves ; le pouvoir civil n'arrive pas à le faire cesser. Wolstan y réussit par ses sermons, et sa douceur amène à son confessionnal des pénitents de tous les pays d'Angleterre (1).

Tel fut l'esprit des moines dès l'origine. Rappelóns-nous saint Martin s'efforçant de sauver la vie aux hérétiques d'Espagne, et s'attirant ainsi les plus grandes difficultés avec l'usurpateur Maxime.

Dans l'histoire des moines, les œuvres de pénitence ne vont pas sans les œuvres de miséricorde ; des solitaires d'Égypte aux Trappistes d'aujourd'hui, c'est un des points où se révèle l'unité de l'idée monastique. En peinant pour eux-mêmes, ils ont toujours peîné pour les autres ; non pas seulement pour la postérité, mais pour leurs voisins pauvres, et pour les voyageurs qui venaient à eux.

D'après saint Augustin, les moines d'Egypte et d'Orient travaillaient tellement, qu'ils pouvaient fréter des vaisseaux de provisions pour les provinces affamées. Théodoret parle de cinq mille d'entre eux, qui faisaient vivre par leur travail d'innombrables pauvres et étrangers. Sozomène cite le moine Zénon qui, bien que centenaire et évêque d'un riche diocèse, travaillait néanmoins pour les pauvres comme pour lui-même. Au siècle suivant, Corbinien en Germanie plantait autour de son église des vergers et des vignes dont il consacrait le produit au soulagement des pauvres.

Les moines de Saint-Gall járdinaient, plantaient, pêchaient pour secourir les pauvres et recevoir les étrangers.

« Les monastères », dit Néander, « étaient des

(1) BÈDE, *Hist. Eccles.*, 1, 26. — GUILLAUME DE MALMESB., *Ponf.*

centres industriels, des foyers d'art et de science. Tout ce qu'ils gagnaient dans ces différents travaux était employé à soulager les malheureux. Dans les grandes famines, des milliers de gens furent ainsi sauvés (1). »

Au commencement du XIIe siècle, durant une famine, un monastère des environs de Cologne distribua en un seul jour quinze cents aumônes, consistant en pain, viande et légumes. Vers la même époque, saint Bernard fondait son monastère de Cîteaux, qui, bien que situé dans une région déserte, nourrissait deux mille pauvres par mois, sans compter bien d'autres aumônes.

Les moines offraient leur simple et rude hospitalité aux riches comme aux pauvres ; à ceux qui dédaignaient leur maigre chère, ils pouvaient du moins offrir un refuge dans le malheur ou le danger.

Le duc Guillaume, ancêtre du Conquérant, chassait dans la forêt de Jumièges, lorsqu'il rencontra un ermitage primitif (2). Deux moines avaient pénétré dans la forêt ; au prix d'une peine immense, ils avaient abattu quelques arbres, nivelé le sol, obtenu de petites récoltes et installé leur cabane. Guillaume écouta leur histoire, non sans humeur sans doute, et il jeta loin de lui avec dédain le pain d'orge et l'eau qu'ils lui offraient. Quelques instants après, on le rapportait blessé et évanoui : un sanglier l'avait mis dans cet état. Revenant à lui, il accepta l'hospitalité qu'il avait d'abord refusée, et construisit pour ses hôtes un monastère. Il les avait sans doute tenus pour usurpateurs de sa forêt, et pieux transgresseurs de ses lois. Les princes normands avaient autant de goût pour les bêtes sauvages que les moines en avaient peu : l'abbaye de Caen (3) possède encore une charte du Conquérant, où il est fait défense aux religieux de convertir les bois en culture, le duc se réservant le gibier.

En regard de ces scènes de retraite sauvage et d'hospitalité primitive, plaçons un autre tableau bien diffé-

(1) *Hist. eccl.*, t. VII, p. 131 (Bohn).
(2) DUCHESNE, *Script. North.*, p. 236.
(3) TURNER, *Middle Ages*, t. V., p. 39.

rent, mais toujours de la même vie bénédictine.

Voici comment l'évêque Ullathorne décrivait tout récemment les impressions qu'il rapportait du bois sacré de Subiaco, et des jouissances d'âme que le pèlerin y goûte :

« Les arbres de ce bois vénérable sont très vieux », dit-il, « mais d'une vieillesse saine et vigoureuse. Leurs grandes racines grisâtres, ridées et crevassées par le temps, rampent à fleur de terre ; leurs branches noueuses se tordent et s'entrelacent avec la vigueur et la souplesse de serpents géants... De combien de pieux solitaires ces arbres n'ont-ils pas abrité les méditations ! Leurs paisibles massifs ont vu surgir un jour des hommes bardés de fer, dévorés par la soif du pillage et la passion du sang, que la sainteté même du lieu ne pouvait arrêter. Ils ont vu aussi pendant douze siècles et plus, les plus grands Papes, les Grégoire, les Léon, les Innocent, les Pie, venir se reposer de leurs labeurs dans une solitude imprégnée des inspirations de saint Benoît et du parfum de sa sainteté (1). »

Quelle matière à ses chants n'eût pas trouvée, dans ces scènes et dans ces histoires, le plus harmonieux des poètes, lui dont les Géorgiques montrent un tel amour de la campagne, de sa vie, de ses travaux, des pensées qu'elle suggère ! Pourquoi le christianisme n'a-t-il pas eu un Virgile pour décrire les anciens moines à leur labeur rural, comme il a eu un Sacchi ou un Dominiquin pour les peindre ! Comme il aurait su retracer les aventures et les épreuves du missionnaire agriculteur, lui qui chanta l'hiver de Scythie, la peste des troupeaux, le cerf de Sylvie et la forêt d'Evandre !

Comme il aurait dépeint saint Paulin ou saint Serenus dans leur jardin, lui qui nous a laissé un portrait si exquis du vieillard de Tarente, cultivant au milieu des taillis ses maigres plantes potagères, sur ce coin de terre qui « n'était bon ni pour le labour, ni pour la vigne, ni pour le pâturage » ! Comme il aurait exprimé la poésie de ces simples laboureurs, lui qui nous parle des fleurs et des fruits de. ce vieillard plus satisfait qu'un roi de ses immenses richesses ! Lui qui détestait les villes, les grandes maisons, la société raffinée, les banquets somptueux, l'intrigue, la loi impitoyable, l'avocat bruyant et la harangue de l'homme d'Etat, — lui qui trouvait l'homme de la campagne trop heureux s'il avait seulement conscience de son bonheur ; lui qui aimait les vallées, les cours d'eau sinueux, les bois, la vie cachée que l'on y mène, et les leçons profondes qu'ils murmurent, — comme il aurait su peindre cette merveilleuse union de la prière, de la pénitence, du labeur et du travail littéraire, le véritable *otium cum dignitate,* ces loisirs fructueux, cette dignité empreinte de douceur, tout ce qui caractérise le bénédictin !

Le feu céleste qui permit au Prince des poètes latins de continuer le chant de la sibylle et d'esquisser les splendeurs d'un surnaturel avenir, — la sereine philo‑ sophie qui a semé ses poèmes de sentiments qui vont droit au cœur, — sa profonde sympathie pour les douleurs, pour les actions et les passions de l'homme, — comme tout cela l'aurait bien servi pour chanter l'histoire et l'œuvre patriarcale des moines dans les vastes contrées de la Germanie, ou bien encore les actions, les paroles, les visions d'un saint Odilon ou d'un saint Aelred !

Il faut que le sujet dont fait choix le poète prête à la poésie. Un poète après tout, n'est qu'un homme, et, comme tel, il peut préférer une bonne tranche de bœuf ou de pudding à toutes les créations d'un « beau dé‑ lire », dont en sa qualité de poète, il fait son ordinaire. Mais nul poète, soucieux de sa réputation, ne s'avise de traiter dans ses vers un sujet qui ne soit pas poéti‑ que en soi. Ainsi donc quand Virgile choisit la cam‑ pagne et dédaigne la ville, il nous montre qu'à certain point de vue la ville ne convient pas à la poésie, et que la campagne au contraire lui est propice.

Il se plaît à célébrer le repos intellectuel et moral qui est le propre de la vie des champs ; il ne peut souffrir l'effort et l'excitation qui caractérise la ville.

La poésie de saint Benoît répond donc bien à l'idéal de Virgile : c'est celle du

....secura quies et nescia fallere vita,

celle d'une vie exempte d'inquiétude et de soucis, qui ne connaît ni projets ni calculs, ni espérances ni craintes, ni doutes ni déceptions. Le moine vit au jour le jour, sans souci du lendemain ; il ne forme ici-bas aucun projet, même pieux et saint ; il travaille non à la tâche, pour ainsi dire, mais à l'heure ; il sème avec l'assurance de récolter, ainsi qu'il a été promis ; — il lit ou écrit cette semaine, sans qu'il y ait nécessité de lire ou d'écrire la semaine suivante ; il demeure au milieu des siens, détaché du reste du monde ; il prend chaque jour qui se lève comme un tout en soi, comme un prolongement, non comme un complément du passé ; il ne fait rien d'inachevé, chaque chose qu'il fait étant complète en chacune de ses parties ; en vérité, n'est-ce point là une vie absolument virgilienne ?

Ceux au contraire dont le devoir est tout *entreprises,* pourrait-on dire, tout logique et système, effort soutenu d'intelligence ou méthode d'action savamment étudiée, — apologistes, controversistes, dialecticiens, professeurs, prédicateurs, conducteurs de l'Eglise, — ceux-là ont une mission assurément très méritoire, et très noble, mais infiniment moins poétique. En cas d'accident ou de maladie subite, on peut s'en remettre à la nature laissée à elle-même du soin de guérir le mal : mais elle demande du temps. Survient alors la science avec ses procédés plus rapides, mais aussi plus énergiques, si elle veut être sûre de l'efficacité de ses remèdes. On a là une image de la manière dont saint Benoît s'y est pris pour combattre les misères de la vie. Il trouva le monde matériel et social en ruines, et sa mission fut de le relever, suivant les procédés de la nature et non de la science, sans avoir l'air de s'en occuper, sans prétendre y réussir dans un temps déterminé, grâce à un spécifique merveilleux, ou à des secousses répétées, mais lentement, peu à peu, avec douceur et patience, si bien que, souvent, on ne se doutait guère avant l'œuvre achevée, qu'elle était en train de se faire.

C'était un monde à refaire, plutôt qu'à revoir simplement, à corriger ou à modifier. Le nouveau monde qu'il aida à créer fut un produit naturel plutôt qu'une construction. On put voir dans les champs, on aperçut dans la forêt des hommes silencieux occupées à creuser, à défricher et à bâtir ; d'autres hommes silencieux, que l'on ne voyait pas, étaient assis dans le cloître humide, se fatiguant les yeux, tendant leur attention, pour déchiffrer, copier et recopier péniblement les manuscrits qu'ils avaient sauvés. Aucun d'eux ne « disputait ni n'élevait la voix », aucun n'attirait l'attention sur ce qui se passait ; mais peu à peu le bois marécageux devenait un ermitage, une maison religieuse, une ferme, une abbaye, un village, un séminaire, une école et une ville.

Des routes et des ponts le reliaient à d'autres abbayes et à d'autres villes, qui avaient surgi de la même façon. Ce qu'avaient détruit l'orgueilleux Alaric ou le farouche Attila, ces hommes patients et méditatifs l'avaient réparé et fait revivre.

Puis quand, au prix de bien des années, ils avaient remporté leurs victoires pacifiques, peut-être surgissait-il quelque nouvel envahisseur qui, par le fer et le feu, ruinait en un instant leur lent et persévérant travail. Le Hun succéda au Goth, le Lombard au Hun, et le Tartare au Lombard ; le Saxon ne céda que pour faire place aux Danois. Le labeur et la civilisation de siècles entiers — églises, collèges, cloîtres, bibliothèques — furent anéantis, et il ne leur resta plus qu'à recommencer. Mais il se remirent à l'œuvre sans murmure, avec tant d'empressement joyeux, tant de calme et de sérénité qu'on eût dit que la renaissance à laquelle on assistait était toute naturelle. Admirables ouvriers, semblables à ces fleurs, à ces arbustes, et à ces arbres fruitiers venus par le travail de leurs mains, qui, maltraités, ne se vengent pas, ne se rappellent pas le mal, mais donnent à nouveau des branches, des feuilles ou des fleurs, d'autant plus abondantes et plus belles, peut-être, que les premières ont été plus violemment arrachées.

Lorsqu'un endroit était profané, les moines en choisissaient un autre, et il ne manquait pas en ce temps-là d'hommes riches ou puissants qui se rappelaient et aimaient assez le passé pour souhaiter de le voir revivre dans l'avenir.

C'est ainsi qu'après les ravages des Danois, le monastère de Ramsey fut fondé par la munificence du comte Alwin, qui demanda à son évêque le meilleur moyen de rendre gloire à Dieu. L'évêque répondit que ceux-là seuls étaient libres, sereins et dégagés de tout désir, qui renonçaient au monde, et que leur renoncement faisait descendre une bénédiction sur leur pays. « Leur mérite », dit-il, « apaise la colère du Souverain Juge, l'atmosphère est purifiée, le blé pousse plus abondamment, la peste et la famine se retirent, l'Etat est mieux gouverné, les prisons s'ouvrent, les chaînes se délient, les naufragés sont secourus. » Puis il lui conseilla de faire don d'un terrain où serait construit un monastère, et de le doter. Le comte Alwin répondit qu'il avait hérité de vastes terrains entourés de marais, avec une forêt dans le voisinage, et, par endroits, quelques prés et d'assez bon herbages. Il y mena l'évêque. C'était en effet comme une île dans les marais, isolée à souhait pour des religieux. Le don fut accepté. On recruta des ouvriers parmi les pieux paysans des alentours, qui donnèrent leur peine. Douze moines vinrent d'un autre couvent, et bientôt s'élevèrent des cellules et une chapelle. Les moines réunirent des matériaux pour construire une belle église ; les pierres et le ciment leur furent donnés, on leur prêta les échafaudages et les machines, et, dans la suite, le saint édifice dressa ses deux tours dans la solitude désolée et ressuscita le passé ; — un savant théologien fut appelé de France pour diriger l'école monastique (1).

X

Me voici donc enfin amené à dire un mot des travaux littéraires des bénédictins. Mais je ne puis ici qu'attirer l'attention sur le caractère particulier de leur œuvre, réservant la question de leurs écoles pour une autre occasion. Ici encore se révèle l'unité du

(1) Cf. TURNER, *Anglo-Saxons*, t. III, p. 468.

monachisme. Ce qu'ont été les bénédictins dans les temps modernes, ceux de Saint-Maur au XVIIe siècle, ceux de Solesmes aujourd'hui, les moines l'étaient dès les premiers temps.

L'une des principales occupations des disciples de saint Pacôme, en Egypte, était la transcription des livres ; c'était le seul travail des moines de saint Martin en Gaule. Selon saint Jean Chrysostome, les solitaires de Syrie copiaient les saintes Ecritures. De même, les moines de saint Equitius et de Cassiodore, et les religieuses de saint Césaire. Il est question d'un saint homme qui prépare les parchemins, d'un autre qui vend ses manuscrits afin de pouvoir faire l'aumône, d'une abbesse qui copie en lettres d'or les Epîtres de saint Pierre. Saint David avait témoigné le même respect pour l'Evangile de saint Jean. L'abbé Platon remplit son monastère et d'autres cloîtres de ses beaux manuscrits (1). Pendant la courte direction de l'abbé Desiderius au mont Cassin, ses moines copièrent cinquante homélies de saint Augustin, ses lettres, ses commentaires du Sermon sur la montagne, de saint Paul et de la Genèse, une partie des œuvres de saint Jérôme, de saint Ambroise et de saint Bède, les sermons de saint Léon, les discours de saint Grégoire de Nazianze ; les Actes des Apôtres, les Epîtres et l'Apocalypse ; différentes histoires, dont celle de saint Grégoire de Tours et celle de Josèphe sur la guerre des Juifs, les Institutes de Justinien, de nombreux ouvrages ascétiques et autres ; parmi les classiques, le *De natura Deorum* de Cicéron, Térence, les *Fastes* d'Ovide, Horace et Virgile.

Au XVe siècle, Maurus Lapi, Camaldule, copia mille volumes en moins de cinquante ans. Le moine autrichien Jérôme en avait tellement écrit, qu'un char à six chevaux, disait-on, n'aurait pas suffi à les porter. Au XIe siècle, Othlon écrivit avec tant d'ardeur pendant son enfance qu'il en perdit presque la vue. Il quitta la France pour Ratisbonne, où il écrivit encore

---

(1) PALLADE, c. 39. — CASSIEN, *Inst.* IV, 12. — CALMET, *Reg.*, t. II, p. 150. — THOMASSIN, *Disc. Eccl.*, t. III, p. 505. — ZIEGELBAUR, *Hist. Lit. Bened.*, t. II, p. 510.

dix-neuf missels, trois Evangéliaires, deux livres d'Epîtres et Evangiles, sans parler du reste. Il en donna un grand nombre à ses amis, mais la liste est trop longue pour la citer au complet.

L'abbé Odon de Tournay, selon son successeur, « exultait du nombre de copistes que le Seigneur lui avait donnés. Si vous étiez entré dans son cloître, vous auriez pu voir une douzaine de jeunes gens assis dans le plus grand silence, écrivant à une table construite à cet effet. Il fit diligemment copier tous les commentaires de saint Jérôme sur les Prophètes, tous les ouvrages de saint Grégoire, tout ce qu'il put trouver d'Augustin, d'Ambroise, d'Isidore, de Bède et de Maître Anselme, abbé du Bec, plus tard archevêque de Cantorbéry (1). »

Ces volumes copiés, il fallait les enluminer, les relier, nouveau champ de travail pour les silencieux ouvriers qui avaient commencé par s'initier à l'art si important de la calligraphie. Ce n'était pas l'écriture courante qu'on leur demandait, car leur plume n'était pas consacrée à l'expression éphémère de leurs propres pensées. Mais, pour le plus grand bien de la postérité, elle devait transcrire exactement les paroles des maîtres inspirés et des Docteurs de l'Eglise. Ils accomplissaient la future tâche de l'imprimeur, et l'on dit que le petit caractère romain, en usage aujourd'hui, nous vient des moines anglais. Au temps de Charlemagne, où la décadence littéraire était arrivée au plus bas, les abbayes de Fontenelle, de Reims et de Corbie étaient réputées pour la beauté de leurs travaux calligraphiques (1). Les livres destinés à être offerts en présent, comme celui que la mère de Léon IX offrit à Saint-Hubert, ou ceux qui servaient à des usages sacrés, étaient enrichis de plaques d'or et d'argent, et de pierres précieuses. C'est le commencement de la culture des beaux-arts dans ces siècles troublés, — occupation tranquille et apai-

---

(1) *Annal. Camald.*, t. VII. p. 300. On trouvera d'autres exemples dans *Essays on the Dark Ages*, de Maitland, et dans la *Bible in the Middle Ages*, de Buckingham, dont, toutefois, les références sont insuffisantes.

(1) GUIZOT, *Hist. de la civilisation en France*, t. II, p. 356 (éd. cit.).

sante, qui se poursuit à l'intérieur des monastères, pendant qu'au dehors les rivalités ou les hérésies agitent la chrétienté. Sans doute, avec le temps, la main-d'œuvre ira se perfectionnant ; mais, quel que soit le degré d'art ou de goût qu'il révèle, chaque spécimen de l'art monastique a sa fin en soi, comme s'il n'avait été précédé ou ne devait être suivi d'aucun autre.

Dans son ouvrage sur les *Antiquités de Fulda*, Brower nous fait un vivant tableau des occupations variées et tranquilles que l'on poursuivait simultanément derrière les murs du monastère : « Comme des abeilles industrieuses », dit-il, « sans jamais quitter leur ouvrage, les moines suivaient leur vocation. Les uns dessinaient sur le parchemin les lettres et les caractères spéciaux qui devaient ensuite recevoir la couleur ; les autres revêtaient les manuscrits d'élégantes couvertures ; d'autres marquaient en rouge les phrases importantes ou les en-tête de chapitres. Quelques-uns corrigeaient et revisaient les manuscrits. Et nombreux étaient ceux qui savaient dessiner des figures et peindre en toutes sortes de couleurs (1). » Puis, sur la foi d'un ancien manuscrit, il parle des travaux de décoration exécutés par les moines dans leurs églises, de leur habileté comme charpentiers, sculpteurs, graveurs et ciseleurs.

J'ai parlé plus haut de saint Dunstan, appelé à des devoirs politiques peu en rapport avec les traditions de son Ordre ; nous retrouvons cependant en lui le simple bénédictin.

Il était doué pour les arts en général et pour la musique en particulier. Il peignait et brodait ; son habileté comme forgeron nous est rappelée dans la légende bien connue de son combat avec le malin. Et, de même que les moines d'Hilarion faisaient marcher de front le jardinage et la psalmodie, Bernard et ses moines le travail des champs et la méditation, Dunstan se servait de la musique et de la peinture pour exprimer ou inspirer la dévotion. « Il excellait, dit son biographe, dans l'art d'écrire, de peindre, de mouler la cire, de sculpter l'os et le bois, dans les ouvrages d'or, d'ar-

(1) P. 45.

gent, de fer et de cuivre. Il se servait de la musique comme d'un charme pour dissiper chez lui et chez les autres les ennuis de ce monde, pour les élever à la pensée des concerts célestes, par l'harmonie de ses airs et par la douceur des paroles qui les accompagnaient (1). » Et il raconte qu'un jour où le saint avait suspendu sa harpe à un mur, le vent exhala de ses cordes une mélodie étrange dans laquelle il reconnut l'une des antiennes du Commun des martyrs, *Gaudete in cælis,* etc... et il la répétait pour sa propre humiliation.

Il va sans dire que ces talents variés étaient aussi florissants dans le sud que dans le nord de l'Europe. On vantait l'habileté des moines de Saint-Gall, du mont Cassin et de Solignac dans les beaux-arts. Le mont Cassin excellait dans l'enluminure et dans la mosaïque, les Camaldules dans la peinture, et les Olivétains dans la marqueterie (2).

XI

Le travail manuel appliqué à ces fins artistiques aidait à la dévotion ; appliqué à la copie et à la multiplication des livres, c'était en outre un mode d'instruction, mode tout à fait bénédictin, en ce qu'il était littéraire, au lieu d'être scientifique.

Avant les XIe et XIIe siècles, la théologie systématique n'avait qu'une place fort restreinte dans les études ecclésiastiques ; l'Ecriture et les Pères étaient les seuls moyens d'instruction, et c'était précisément leur texte qui occupait les labeurs des moines. Ils se familiarisaient ainsi avec le genre de connaissances qui convenait à leur vocation, en même temps qu'ils pratiquaient ce qui était sans équivoque un travail manuel. En pourvoyant aux besoins religieux de la postérité, ils travaillaient directement à leur propre éducation.

Telle fut, dès l'origine, la pratique constante des moines ; elle rentre dans l'*unité* de leur profession. Saint Jean Chrysostome nous dit que, de son temps,

(1) Voir aussi WHITAKER'S *Cornwall,* vol. I, p. 167, et tout le chapitre.

(2) MEEHAN'S, *Marchese,* p. XXIV.

leur occupation ordinaire était « de chanter et de prier, de lire les Ecritures et de copier le texte sacré (1). »

A mesure que les ouvrages des Pères entraient dans le domaine littéraire de l'Eglise, les moines se mettaient aussi à les étudier et à les transcrire. « Pour celui qui s'achemine vers la perfection », dit la règle de saint Benoît, « il y a les leçons des saints Pères qui le conduisent à son sommet. Car il y a-t-il une page, un passage de l'Ancien ou du Nouveau Testament, revêtu comme il l'est de l'autorité divine, qui ne soit la meilleure des règles de vie ? Quel est le livre des Pères qui ne revienne sans cesse sur ce point : que nous devons prendre la voie la plus courte pour aller à notre Créateur ? »

Mais je n'ai pas besoin d'insister ici sur ce caractère des études monastiques ; ce sujet, surtout en ce qui regarde l'étude des Ecritures, a été traité magistralement par M. Maitland dans ses « *Essays on the Dark Ages* ».

Mais la littérature religieuse des moines ne s'est pas bornée là. A force de scruter les Ecritures et les Pères, ils en vinrent naturellement à comparer et à rapprocher ces deux grandes sources de vérité théologique. De là le caractère particulier des ouvrages religieux de ce qu'on peut appeler proprement la période bénédictine, les cinq siècles qui vont de saint Grégoire à saint Anselme. L'âge des Pères touchait à sa fin ; celui de la scolastique était encore à venir ; les écrivains ecclésiastiques des siècles intermédiaires s'occupèrent pour la plupart d'ordonner, de classer les ouvrages patristiques qui lui étaient parvenus ; ils rattachèrent sous forme de *Catenæ* des passages choisis des Pères pour illustrer le texte inspiré, ou lui servir de commentaire. Les *Summæ sententiarum* de cette époque étaient des ouvrages du même genre, qui frayaient la voie aux exercices intellectuels de la période scolastique. C'étaient, en effet, des leçons, des instructions ordonnées selon un plan ou un système de doctrine, bien qu'elles fussent tirées des Pères, et que les divisions ou les détails du système fussent dictés par le sujet.

(1) *Hist. littér. de Saint-Maur*, 1770, p. 21.

Enfin l'esprit comme le sujet de ces travaux était tout à fait bénédictin : pas de recherche originale, pas de résultat éclatant ; rien pour dissiper, exalter ou absorber l'esprit, ou pour violer la tranquille simplicité propre à l'état monastique.

Même observation pour un autre genre de travail que cultivaient encore les Bénédictins : la compilation des chroniques et des annales, tant ecclésiastiques et monastiques que séculières.

C'est là une partie si importante de leur littérature que, dans le quatrième volume de la *Bibliothèque des écrivains bénédictins* de dom François, l'auteur de l'*Asceticon* n'hésite pas à faire de leurs travaux historiques un de leurs principaux titres à la reconnaissance de la postérité, après leurs ouvrages sur la Bible.

« Il faut particulièrement louer les moines, » dit-il, « de ce qu'ils ont illustré la Sainte Écriture, sauvé l'histoire sacrée et profane, de la barbarie des temps, et légué à la postérité tant de vies de saints et d'évêques (1). »

Voilà encore qui met bien en lumière le caractère bénédictin. Ces histoires sont en effet des plus simples, et la composition en est très naturelle. Puis, du fait que ce sont, en général, des récits d'événements contemporains, ou des compilations rédigées d'après un petit nombre de sources définies, facilement accessibles, elles n'impliquaient rien de cette recherche laborieuse, de cette excitation d'esprit demandée à l'écrivain qui doit rapporter tout une période compliquée de l'histoire, embrassant plusieurs siècles et plusieurs pays, et qui se propose de découvrir la vérité au milieu de témoignages insuffisants ou surabondants, ou contradictoires. « Les hommes qui écrivaient l'histoire », dit M. Dowling, en parlant de l'époque en question, « ne suivaient aucune règle ; ils consignaient seulement ce qu'ils avaient vu, ce qu'ils avaient entendu, ce qu'ils savaient. La plupart se faisaient de cette tâche un devoir moral. Il en résultait quelque chose

(1) P. 379. L'imprimerie, autre ouvrage tranquille, fut introduite en Italie par les bénédictins de Subiaco. Voir aussi le *Pèlerinage* du docteur Ullathorne.

de *sui generis*, très différent de ce que *nous*, nous appelons l'histoire. C'était, si j'ose dire, quelque chose de plus, une mise au point plutôt qu'un tableau, ou bien un tableau peint avec la minutieuse exactitude et le réalisme un peu vulgaire des intérieurs des vieux maîtres flamands, non avec la pompeuse exagération de l'école romaine, ni avec la splendeur indiscrète, et tout aussi conventionnelle, des Vénitiens. En un mot, l'histoire, selon la critique, est un *art*, un art de noblesse et de beauté ; l'œuvre historique du moyen âge est *nature* (1). »

L'auteur de ce passage fait remarquer qu'en se faisant historiographes, les moines obéissaient à un motif religieux. Il dut toujours en être de même, en vertu de leur profession monastique. Ce n'est pas là, d'ailleurs, simple supposition de notre part : les faits ne nous manquent pas, qui prouvent toute l'importance attachée par l'Ordre bénédictin à ces chroniques et à ces souvenirs du passé. En l'année 1082, par exemple, l'Abbé Marquand, de la Nouvelle-Corbie, en Saxe, semble avoir donné aux églises et aux monastères soumis à sa règle, l'ordre de lui envoyer leurs chroniques. L'Abbé Wichbold renouvela l'ordre soixante ans après, et, en 1337, l'Abbé Thierry adresse même injonction aux prévôts et recteurs qui lui sont soumis (2). En 1481, l'Abbé d'Erfurt écrit aux Pères de la Réforme de Bursfeld, pour les engager à entreprendre une œuvre semblable. « Si vous conveniez ensemble, dit-il, de faire un statut pour obliger tout prélat à composer les annales de son monastère, serait-il rien de meilleur, de plus utile, de plus intéressant à connaître et à lire (3) ? »

On peut s'imaginer facilement quels travaux littéraires un bénédictin croyait pouvoir se permettre ; il est plus malaisé de déterminer ceux que sa vocation lui interdisait. Mais Mabillon et de Rancé laissent entendre que tout sujet ne lui est pas indifférent.

(1) Introd. *Eccles. Hist.*, p. 56.
(2) ZIEGELBAUER, t. II, p. 401.
(3) *Ibid.*, t. I, p. 424. Pour la nomenclature des histoires monastiques, voir DOWLING, *Introd.* E. H., p. 260 ; l'*Asceticon* comme ci-dessus, § 26. ZIEGELBAUER, t. II, p. 398. BALMÈS, *Protestantisme comparé au catholicisme*.

Ceci nous rappelle la fameuse controverse entre ces deux hommes célèbres. L'Abbé de la Trappe, le Cistercien de Rancé, écrivant à ses subordonnés au sujet des études qui conviennent à un moine, émit quelques idées qui semblaient une critique à l'égard des savants Mauristes. Mabillon, un des leurs, répondit par une habile défense de lui-même et de ses frères. L'étude, quelle qu'elle soit, doit être strictement subordonnée au travail manuel, avait déclaré l'Abbé, et elle doit se borner aux Ecritures et aux traités ascétiques des Pères. Mabillon, au contraire, sans nier la nécessité du travail manuel, auquel les Mauristes eux-mêmes consacraient une heure par jour, semblait permettre au Bénédictin de cultiver librement son intelligence et d'étendre indéfiniment ses études. Quand ils en vinrent à s'expliquer, il apparut que chaque parti avait avancé beaucoup plus qu'il ne pouvait prouver. Mais, tout compte fait, restait encore entre eux une grande divergence d'idées, que rien ne pouvait faire disparaître.

La question critique était de savoir si certains exemples, dont Mabillon arguait en sa faveur, devaient être considérés comme des exceptions ou non à la règle de saint Benoît.

J'ai soutenu, je l'avoue, au début de cet Essai, que des Alcuin, des Paschase ou des Lanfranc ne sont pas des exemples bien choisis de la profession bénédictine, et qu'ils ne donnent pas une idée exacte du moine en général. De peur, ce disant, d'encourir le reproche de rejeter le témoignage de l'histoire, apporté par un tel écrivain, qui fait autorité et par sa science, et comme organe de la grande Congrégation de Saint-Maur, je juge bon de produire pour ma défense quelques-unes de ses propres concessions : elles me semblent confirmer pleinement ce que j'ai dit plus haut sur l'esprit et la mission de l'Ordre.

Ainsi, Mabillon reconnaît franchement, ou plutôt il soutient que la méthode adoptée par les scolastiques pour enseigner la théologie et la philosophie n'a rien de commun avec la profession bénédictine, comme telle.

« Quel besoin, » disait-il, « avons-nous de cultiver

ces sciences dans un but de discussion, et non pas plutôt comme des sciences positives, qui éclairent les questions et résolvent les doutes, selon qu'ils se rencontrent ? Pourquoi n'est-il pas plus que suffisant d'enseigner aux jeunes religieux les principes les plus nécessaires de la science, afin qu'ils s'en servent pour progresser dans l'étude des Écritures et des Pères ? Quel besoin de ces perpétuels syllogismes en forme, et de ces réponses subtiles à d'innombrables objections, comme c'est l'usage dans les écoles ? »

Ailleurs il compare le mode d'enseignement des Pères avec celui des scolastiques : « Les raisonnements des Pères sont exposés avec tant d'ampleur et d'agrément, » dit-il, « que l'on y retrouve à chaque mot la force et la suavité de l'éloquence chrétienne ; la théologie scolastique, au contraire, est absolument sèche et stérile. »

Il dit en un autre endroit que « toute la science des moines consiste dans l'étude de « l'Écriture sainte ». A propos de la théologie morale : « Les moines » dit-il, « ne sont guère destinés à devenir les médecins des âmes ; il semble donc inutile qu'ils consacrent beaucoup de temps à la science de la morale. » Et bien que, naturellement, il ne leur défende pas l'étude de l'histoire, si conforme, nous l'avons vu, à leur vocation, il fait ses réserves quand cette étude est poussée à fond : « Elle semble causer beaucoup de dissipation d'esprit, ce qui fait tort à cette intime componction du cœur qui convient si bien à la sainte vie du moine. »

Faisant observer que l'étude des anciens manuscrits était la principale occupation des moines de son temps, il ajoute : « Ceux qui s'y livrent ont d'autant plus de mérite devant Dieu qu'ils recueillent bien peu de louanges du côté des hommes. De plus, cette étude les oblige à consacrer plus de temps à la solitude, qui devrait être leur plus grand délice. C'est un travail fastidieux, j'en conviens ; il donne cependant moins de mal que la copie, qui fut l'ouvrage le plus utile de nos anciens moines. » Ailleurs encore, parlant des célèbres éditions des Pères publiées par les Mauristes, il fait cette remarque : « Un travail comme celui-là, lorsqu'il est exécuté dans le silence et dans la paix, convient tout spécialement à la vraie tranquillité d'esprit et à la victoire sur les passions, pourvu que l'on travaille par devoir, et non par amour-propre (1). »

Que le lecteur veuille bien se rappeler que, dans tout cet Essai, je ne parle de la vie bénédictine qu'au point de vue *historique,* comme je pourrais parler de tout autre *fait* appartenant à l'histoire. Je n'ai pas le moins du monde la prétention de l'expliquer d'autorité et d'une façon doctrinale ; ceux-là seuls peuvent le faire qui sont réellement imprégnés de ses traditions.

Ceci bien compris, voici comment j'interprète Mabillon. Quel que soit le programme des études régulièrement permises à un moine, il en est vraiment qui ne conviennent pas à la simplicité monastique : celles qui exigent un travail trop continu pour qu'on puisse l'interrompre à la minute ; celles qui captivent au point de rendre tous les autres devoirs pénibles et rebutants ; celles qui absorbent l'attention au point de l'empêcher de se fixer sur d'autres sujets ; celles qui entraînent l'esprit vers les créatures.

Ainsi donc, je dois m'attendre à trouver que la controverse ne convient pas au bénédictin, parce qu'elle excite l'esprit, ni les recherches métaphysiques, parce qu'elles le fatiguent. Et lorsque je rencontre des exemples tels que saint Paschase ou saint Anselme, à moi de m'en accommoder comme je le puis. Je ne dois pas demander au bénédictin un traité systématique sur la doctrine ou les hérésies, un cours de théologie patristique, une histoire détaillée de l'Eglise, ou des dissertations philosophiques de l'histoire : de pareils ouvrages exigent de l'auteur qu'il embrasse une infinité de détails, qu'il produise une masse de faits pour expliquer une théorie, qu'il fasse converger sur un seul point une foule d'études différentes. Et cela, parce que, pour fournir un tel effort intellectuel, il faut une mémoire extraordinaire des temps et des lieux ; faute de quoi, au lieu d'étudier tranquillement un livre après l'autre, on devra avoir sous la main une vaste

(1) *Stud. Monast.,* ed., 1732 ; t. I, pp. 52, 135 ; t. II, p. 2 ; t. I, pp. 145, 147, 191, 64.

bibliothèque et compulser à la fois une masse de volumes pour une simple référence.

J'essaye d'expliquer le principe que je crois avoir découvert dans la tradition bénédictine, et l'on va peut-être m'accuser de raffiner ; mais ce principe est clair, et un écrivain sacré l'exprime ainsi sous forme de conseil : « Les paroles des sages sont comme des aiguillons et comme des clous plantés... *Ne recherche rien de plus,* mon fils ; il n'y pas de fin à composer des livres nombreux, et une méditation assidue est une affliction pour la chair (1). »

A l'appui de cette opinion sur la mission bénédictine, je ne puis mieux faire que d'en appeler à la Congrégation de Saint-Maur, qui, certes, est bien une école savante de fils de saint Benoît.

Quel est en réalité le caractère de ses œuvres ? Elle n'a ni Malebranche, ni Thomassin, ni Morin ; elle n'a ni Bellarmin, ni Suarez, ni Petau ; ni Tillemont, ni Fleury, tous plus ou moins contemporains. Mais elle a un Montfaucon, un Mabillon, un Sainte-Marhe, un Coustant, un Sabbatier, un Martène, — tous gens d'immense érudition et de grande expérience littéraire. Elle a ses travailleurs qui collationnent et publient les manuscrits et les inscriptions, éditent le texte et les versions de la Sainte Ecriture, font paraître les œuvres des Pères et écrivent leur histoire ; elle a ses archéologues, ses annalistes, ses paléographes, savants remarquables, critiques pénétrants, théologiens profonds, je n'en disconviens pas ; admirables tant que leur science, leur critique et leur théologie jaillissent du sujet spécial dont ils s'occupent directement, mais manifestement subordonnés à ce sujet.

Si nous nous tournons vers d'autres Congrégations bénédictines de la même époque, nous constatons chez elles le même fait. Leurs travaux sont du même genre modeste, patient et tranquille. Le premier nom qui me frappe est celui d'Augustin Calmet, de la Congrégation de Saint-Vanne. Ses ouvrages portent sur la Bible et sur l'antiquité ; — un Commentaire de l'Écriture avec dissertations, un Dictionnaire de la

(1) ECCL., XII, 12.

Bible, un Commentaire de la Règle bénédictine, une Histoire de Lorraine.

Je parcours du regard la bibliothèque où j'écris en ce moment : quels auteurs bénédictins mes yeux rencontrent-ils ? J'y vois Ceillier, Bertholet, de la Congrégation de Saint-Vanne ; le Cardinal Aguirre, de Salamanque ; Cressy, de Douai ; Pez, de Mölk sur le Danube ; Lumper, de Saint-Georges, dans la Forêt Hercynienne ; Brockie, du Collège écossais de Ratisbonne ; Reiner, de la Congrégation anglaise. Leurs ouvrages sont du même genre : ils portent sur l'histoire, l'antiquité, la biographie, les Pères ; ils rappellent les études que poursuit par tradition une Congrégation moderne, l'Oratoire italien. On pourrait ajouter Ziegelbauer, François, et autres bénédictins ; je n'en parle pas, parce qu'ils se sont bornés aux antiquités bénédictines, et que tout Ordre doit écrire sur lui-même.

Et il en est ainsi de la littérature bénédictine du commencement jusqu'à la fin. Ziegelbauer a écrit quatre in-folio sur ce sujet. L'un d'eux est un catalogue, avec notice, des auteurs bénédictins ; ceux qui ont écrit sur l'Ecriture et la théologie positive en occupent cent dix pages ; les historiens trois cents ; les théologiens scolastiques, douze ; les polémistes, douze ; ceux qui ont étudié la théologie morale, six. La disproportion entre ces chiffres est peut-être exagérée, du fait des nombreuses digressions et répétitions contenues dans l'ouvrage, et de la longueur variable que Ziegelbauer accorde à ses notices biographiques ; mais, en somme, son catalogue des auteurs de l'Ordre confirme mon jugement d'une manière frappante.

XII

Il est temps d'arrêter ici une étude insuffisante au point de vue du sujet, mais déjà longue pour la patience du lecteur. Toutes les œuvres humaines sont exposées aux vicissitudes et à la décadence. Il ne faut pas s'attendre à ce que le grand Ordre que j'étudie ait se exception à la loi commune durant treize siècles d'existence, surtout si l'on considère l'étendue de ses possessions, l'indépendance de chacune de ses maisons, les modifications que la règle subissait selon les lieux. Dire que la paix peut engendrer l'égoïsme, l'humilité déguiser la paresse, la vie à la campagne n'être qu'un luxe d'épicurien, c'est seulement répéter cette maxime par trop vraie : que toute vertu a un vice pour cousin germain.

Usum non tollit abusus : si la vie bénédictine est sujette à dégénérer et à revêtir par corruption un caractère contraire à celui de son origine, ce fait ne prouve rien contre sa sainteté méritoire, sa joyeuse énergie et sa calme vaillance. Il nous est dit de travailler à nous rendre semblables aux petits enfants. Où trouver un plus frappant exemple de ce mélange de simplicité et de révérence, de cette claire perception de l'invisible, de cet acquiescement au mystère, qui caractérisent les premières années de la vie ? Pour le moine, le ciel est tout proche ; il ne forme aucun plan, il n'a aucun souci ; les corbeaux de son père Benoît sont toujours à son côté. Dès sa jeunesse, « il se met à son travail et à sa tâche » jusqu'au soir de sa vie ; pour lui, chaque jour vécu est un jour de travail de plus ; qu'il en vive peu ou beaucoup, il travaille jusqu'à la fin. Il poursuit son voyage sans jamais chercher à voir au delà de la prochaine étape. Il laboure et sème, il prie, il médite, il étudie, il écrit, il enseigne, puis il meurt et va au ciel. Il pénètre dans le labyrinthe de la forêt, et en défriche juste l'espace nécessaire pour y établir sa demeure ; il laisse les grands arbres solennels et les taillis épais l'envelopper de leur clôture. Quand il commence à construire, c'est au paysage environnant qu'il emprunte son inspiration. Son architecture n'a rien de la conception savante et magistrale d'un grand tout aux parties multiples, par où se distinguera plus tard le style gothique : elle est toute simple et sans art. Le moine adapte à sa fin propre les usages courants. Il ajoute chapelle à chapelle, laisse se développer la ligne capricieuse de son cloître suivant la circonstance. Il a des autels à demi cachés, des recoins insoupçonnés, des peintures murales auxquelles on dirait qu'il n'a pas songé tout d'abord : aucun luxe, aucun étalage, mais une beauté étrange et irrégulière, comme celle des bois qui l'entourent.

Et lorsqu'il veut employer son esprit, il se tourne vers l'Ecriture, le livre des livres, et il y trouve une réponse spéciale aux questions diverses qui touchent à sa vocation. Dans ce livre, en effet, les vérités surnaturelles se dressent comme les arbres et les fleurs de l'Eden, dans un désordre divin : sorte de paradis ou jardin impressionnant et compliqué, dont le moine jouit d'autant plus qu'il ne peut en cataloguer les merveilles. Il lit ensuite les Pères et y rencontre encore à chaque page, semés à profusion, les mêmes trésors de conseils et de consolations.

Quand il commence à composer, c'est encore suivant la manière que la nature et la révélation lui ont enseignée. Il évite la science curieuse, et se contente de l'ignorance commune. Il passe de sujet en sujet, dédaignant tout système, sans se laisser entraîner hors du cercle ordinaire de ses études ; — il écrit, non avec la logique aiguisée des dialecticiens, ni la subtilité d'analyse des philosophes, mais dans le seul but de réfléchir comme un miroir fidèle les paroles et les œuvres du Tout-Puisssnt, telles qu'il les rencontre dans l'Ecriture et dans les Pères, ou dans ce « merveilleux dédale » de faits et d'événements, que les hommes appellent l'histoire du monde, et dans lequel il voit une « dispensation » de la Providence.

Et tout naturellement l'esprit évoque ici la vie et la mort de saint Bède, qui est dans sa personne et ses écrits, le vrai type du bénédictin, comme saint Thomas est celui du dominicain. Je clos ces pages par un extrait de la lettre de Cuthbert à Cuthwin sur ses derniers moments, lettre bien connue, mais toujours douce à relire.

« Pendant la quinzaine avant Pâques », dit Cuthbert, « Bède fut excessivement oppressé, avec la respiration courte, mais sans souffrir ; puis il reprit des forces jusqu'à l'approche de l'Ascension. Il était plein de joyeux contentement, et rendait grâces au Tout-Puissant jour et nuit et à toute heure. A nous, ses élèves,

il continuait ses leçons quotidiennes, et passait le reste
de la journée à chanter des psaumes ; la nuit, c'étaient
des transports d'actions de grâces, sauf pendant les
rares moments qu'il accordait au sommeil. Aussitôt
éveillé, il se mettait à ses occupations habituelles, et
élevait à tout moment ses mains vers le ciel pour rendre
grâces à Dieu. Je l'atteste solennellement : je n'ai
jamais vu personne qui fût si empressé à rendre grâces
à Dieu.

« Il chantait cette phrase de l'Apôtre : « C'est une
« chose terrible de tomber entre les mains du Dieu
« vivant », et d'autres passages de l'Ecriture par lesquels
il nous avertissait de secouer notre âme engourdie, en
nous transportant d'avance à notre dernière heure.
Dans quelques vers anglais de sa composition, il nous
rappelait que personne ne peut trop se préparer à la
mort, qu'il faut penser ici-bas au bien et au mal que
nous avons fait et au jugement qui nous attend.

« Il chantait aussi certaines antiennes, entre autres
celle-ci : « O Roi de gloire, Seigneur des Anges, qui
« êtes monté aujourd'hui en triomphe au haut des
« cieux, ne nous laissez pas orphelins, mais envoyez-
« nous l'Esprit de vérité promis par le Père, alleluia. »

« Et à ces mots : « Ne nous laissez pas orphelins, »
il fondait en larmes et pleurait abondamment. Il répétait aussi : « Dieu châtie les enfants qu'il adopte, » et,
avec saint Ambroise : « Je n'ai pas vécu de façon à
« rougir d'avoir été parmi vous, et je n'ai pas peur de
« mourir parce que nous avons un bon Maître. »

« Outre nos leçons et le chant des psaumes, deux
ouvrages l'occupaient alors ; il traduisait en anglais
l'Evangile de saint Jean, et en était resté à ces paroles :
« Mais qu'est-ce que cela pour tant de monde ? » et,
quelques extraits des *Notæ* d'Isidore (1).

« Le mardi avant l'Ascension, il commença à être
plus oppressé, et ses pieds enflèrent légèrement. Il
passa cependant la journée occupé à dicter joyeuse-

---

(1) Les Bollandistes n'ont pu déterminer l'ouvrage de saint Isidore
dont il est question ici. Selon Du Cange, « *Notæ* » signifie « Notes de
musique ». Selon Lebœuf, dans Ampère, *Hist. Littér.*, t. III, p. 253, ce
mot veut dire « calligraphie ».

ment, et répétant à plusieurs reprises : « Ecrivez vite
« ce que je dicte, car je ne sais combien je vais durer
« encore, et si mon Créateur ne va pas bientôt me
« prendre. » On eût dit qu'il savait parfaitement à
quelle heure il devait mourir, et il passa la nuit sans
dormir, bénissant le Seigneur. Le mercredi, dès l'aube,
il nous pressa de continuer ce que nous avions commencé. Nous écrivîmes jusqu'à neuf heures, où l'on fit
la procession avec les reliques des saints, selon la
coutume du jour. Mais l'un de nous lui dit : « Cher
« Maître, il manque encore un chapitre ; vous serait-ce
« une fatigue si nous vous demandions vos instructions
« à ce sujet ? » Il répondit : « J'en ai encore la force ;
« prenez votre plume, préparez-vous, et écrivez vite. »
A trois heures, il me dit : « Courez vite appeler nos
« prêtres, afin que je partage entre eux quelques petits
« souvenirs que j'ai là dans mon coffre. » Et quand,
très troublé, j'eus exécuté son ordre, il adressa la
parole à chacun, leur demandant en grâce de dire des
messes et des prières pour lui. Il passa ainsi la journée
dans la joie, jusqu'au soir où un de ses jeunes disciples
lui dit : « Cher Maître, il manque encore une phrase. »
« Ecrivez vite, » répondit-il. Au bout d'un instant le
disciple reprit : « Elle est écrite ; » il répliqua : « C'est
« bien, tu dis vrai ; *consummatum est,* prends ma tête
« entre tes mains, car j'ai très grand plaisir à être assis
« en face de l'endroit où j'ai toujours prié, et je veux
« y invoquer mon Père. » Et sur le plancher de sa
cellule, il chanta : « Gloire soit au Père, au Fils et au
« Saint-Esprit ; » et, juste comme il disait : « au Saint-
« Esprit, » il rendit le dernier soupir et s'en alla au
royaume du ciel. »

Il est curieux que cette fleur de l'école bénédictine
ait expiré le même jour que saint Philippe de Néri, —
le 26 mai ; Bède, le jour de l'Ascension, et Philippe,
le matin après la Fête-Dieu. Il convenait que le ciel
s'ouvrît le même jour à deux saints qui avaient ici-bas
vécu de la même manière ; tous deux chantant, priant,
travaillant, et conduisant les autres, dans la joie et
l'allégresse, jusqu'à leur dernière heure.

2237-08. — Imp. des Orph.-Appr., F. BLÉTIT, 40, rue La Fontaine, Paris.